LATINAS DESCOLONIZADAS

LATINAS DESCOLONIZADAS

TRANSFORMANDO NUESTRA MENTALIDAD PARA CRECER JUNTAS

VALERIA ALOE, MBA

NEW DEGREE PRESS

LATINAS DESCOLONIZADAS

Transformando nuestra mentalidad para crecer juntas

Traductor: Orlando Domingo Barrios Delgado
Co-traductora y Correctora: Beatriz María Manrique Urdaneta
Visita la página de la autora: www.ValeriaAloe.com
Conéctate con la autora: contact@valeriaaloe.com

ISBN   979-8-88504-341-0   *Paperback*
          979-8-88504-343-4   *Ebook*

Para esas mujeres Latinas que allanaron mi camino,
especialmente mi madre Berta y mis abuelas Berta y Elena.
A mi hija Valentina, quien ha sido mi inspiración para terminar
este libro, y a mis hermanas Latinas que seguirán abriendo
nuevos espacios sin pedir perdón por amarse tal como son.

TABLA DE CONTENIDOS

INTRODUCCIÓN

———

Arrastrando mis pies cansados sobre el inmaculado piso del área de inmigración del aeropuerto JFK, con los ojos hinchados por las interminables horas en las que lloré al despedirme de mi familia y amigos, llega el momento de encontrarme cara a cara con el oficial de inmigración.

Es julio de 2002, menos de un año después de los horribles acontecimientos del 11-S. Un hombre delgado de mediana edad me examina desde detrás de sus anteojos de montura negra mientras yo estoy junto a mi marido, que está tan exhausto como yo.

"¿Va a la Escuela de Negocios Tuck School of Business at Dartmouth?", nos pregunta, bajando la mirada en dirección a los documentos que sostiene en las manos, cubiertas por guantes quirúrgicos azules. Luego vuelve a mirarnos, con una expresión difícil de interpretar.

"Sí", respondemos al unísono con amplias y orgullosas sonrisas. Después de trabajar muy duro y de sacrificios más allá de lo imaginable, nuestro sueño por fin se ha hecho realidad.

En un segundo su mirada disipa mi sonrisa, al tiempo que siento que mi adrenalina se dispara y mi ritmo cardíaco se acelera.

"Hmm", el funcionario hace una pausa, solo para volver a mirarnos y preguntar: "¿Mamá y papá pagan la escuela, eh?".

Casi como en shock, nos quedamos en silencio. Si él solo supiera todo lo que hemos atravesado, lo que hemos recorrido. Pero hay algo que nosotros sí sabemos, y muy bien: el silencio es nuestro refugio, y no reaccionaremos por más desagradable que esto se ponga.

Con una mirada desafiante nos devuelve los papeles y nuestros pasaportes, y en un tono áspero nos dice: "Ya pueden irse".

Bienvenidos a los Estados Unidos.

* * *

Catorce años después me encuentro acostada en la cama en mi casa en un barrio acomodado de Nueva Jersey, recuperándome de un agotamiento extremo, con una conmoción cerebral y un pie fracturado. Me doy cuenta, mientras mi mirada se pierde en la oscuridad de la habitación, de que la vida me ofrece la oportunidad de reflexionar sobre el camino recorrido hasta ahora. Soy una inmigrante latina de origen humilde, cuya historia comenzó en las calles de tierra de un pequeño pueblo de la Argentina rural, y que se abrió camino a través de los estudios universitarios, los títulos de posgrado y una carrera empresarial que abarca dos décadas y siete países.

Con las imágenes de una infancia sencilla y feliz aún frescas en mi mente (esos interminables días de verano con mis dos hermanos y cinco primos, rodeada de familia por todos lados), me estremezco en la soledad de mi habitación mientras me pregunto: "¿Cómo acabé así? ¿Dónde perdí el rumbo?".

Crecí al lado de unos padres llenos de amor, cuyos sueños iban más allá de nuestra realidad como familia trabajadora de clase media. Mientras sostenían mi reporte de notas del colegio, me decían con orgullo: "¡Puedes alcanzar cualquier cosa con la que sueñes!".

Y así fue. Me convertí en la primera mujer de mi familia en mudarse a Buenos Aires para obtener dos títulos universitarios, con honores y en tiempo récord. Comencé mi carrera profesional a los dieciocho años para pagar mi educación universitaria, una hazaña desconocida para una familia de padres y abuelos trabajadores que, en algunos casos, tuvieron la bendición de solo terminar la escuela primaria. En otros casos, no tuvieron más remedio que empezar a trabajar a la temprana edad de nueve años, como mi abuela que lavaba los platos en casa ajena paradita en un banquito para poder alcanzar el fregadero.

Mi vida consistía en seguir caminando y trabajando, preguntándome interminablemente "¿Qué me toca hacer a continuación?" Ser la primera en acceder a esos nuevos espacios era física y emocionalmente agotador. Las grandes corporaciones, las amplias salas de conferencias abarrotadas de colegas inteligentes y multilingües provenientes de todos los continentes, y los asientos de avión de clase ejecutiva, todo ello me parecía demasiado enorme para mis humildes orígenes.

La mía había sido una vida frenética, llena de adrenalina, logros y conquistas, y siempre en la misma frecuencia de buscar más y lograr más. Constantemente poniéndome a prueba, me empujaba a mí misma más allá del agotamiento. Como obediente latina que era, trabajaba duro mientras mantenía la cabeza baja, plagada de dudas sobre mí misma y con un sentimiento de no ser merecedora que solo me impulsaba a trabajar con más esfuerzo para justificar mi valor profesional.

En aquella habitación, el tiempo comenzó a acelerarse, mostrándome imágenes pasadas que muy vívidamente se arremolinaban a mi alrededor: mi boda, un pasaje de avión de ida a los Estados Unidos, nuestra llegada a Dartmouth, nuestra graduación, trabajos corporativos, dos hijos, ascensos laborales, y luego... la oscuridad. Me había sobrepasado de esfuerzos y sacrificios y el agotamiento me alcanzó. En aquel momento no quería continuar así, con esa vida. Llegué a odiar mi éxito porque él me había hecho caer en esta oscuridad.

Dejé mi trabajo y decidí gastar toda mi energía extra en el gimnasio, en un intento de no pensar demasiado. Fue entonces cuando una mujer descuidada me golpeó al costado de la cabeza con una pesa de casi diez kilos, causándome una conmoción cerebral. Dos semanas después, me fracturé el pie en un accidente doméstico. Algo me estaba quedando claro: la vida quería asegurarse de que por fin me detuviera.

La misma oscuridad que me rodeaba en mi hermoso dormitorio no era más que un espejo perfecto de la profunda e interminable oscuridad interior. Me sentía sin propósito, sin una dirección clara en la vida, y agotada de tanto esfuerzo y sacrificio.

Mis catorce años en los Estados Unidos me habían ofrecido grandes oportunidades, pero también intensificaron esa sensación que había experimentado por primera vez cuando estaba frente a aquel oficial de inmigración en el 2002: la impotencia. Una inmigrante. Mujer. Y encima, una mujer inmigrante con acento, ¡por el amor de Dios! Me sentía poco apreciada y atrapada en un sistema que parecía exigir lo mejor de mí, solo para dejarme con un profundo vacío interior.

No era la única que se sentía así. Nuestras historias se entrelazan de maneras inexplicables.

Mónica nació en Newark, Nueva Jersey, de padres inmigrantes. Fue la primera en graduarse en la universidad y en conseguir un empleo corporativo, accediendo a espacios que definitivamente habían estado fuera del alcance de otras personas en su familia.

Mónica trabajaba más duro que los demás, porque sentía la constante necesidad de probarse a sí misma ante otros, especialmente ante los hombres blancos. En un día típico de trabajo como exitosa gerente, allá por el 2015, Mónica estaba al teléfono hablando con un cliente cuando un compañero de trabajo se le acercó, haciéndole señas para que interrumpiera su llamada telefónica como si el edificio estuviera en llamas.

"¿Necesitas algo? Estoy en una llamada", recuerda haberle dicho.

"La cocina está hecha un asco. Deberías ir a limpiarla", respondió el hombre.

Un profundo sentimiento de frustración e impotencia se apoderó de ella, al tiempo que imágenes de su infancia se agolpaban en su mente.

Mónica era una niña adorable con una tímida sonrisa, que a los cuatro años entró en el preescolar sin hablar una sola palabra de inglés. Fue entonces cuando se dio cuenta de que era diferente. Para los hijos de inmigrantes latinos nacidos en los Estados Unidos, la escuela suele ser el primer espacio en el que experimentan su identidad y se dan cuenta de que proceden de una cultura diferente a la de otros niños.

"El inicio de mi vida escolar fue una experiencia traumática", dijo Mónica. "No entendía lo que ocurría a mi alrededor. Me sentía diferente". A esa temprana edad y a pesar de ser ciudadana nacida en los Estados Unidos, el pensamiento de que *algo está mal en mí, y no pertenezco aquí* invadió su mente. El sistema de entonces no estaba preparado para proporcionarle ningún apoyo, y no había mucho que sus amorosos padres pudieran hacer al respecto ya que estaban pasando por su cuota de obstáculos en su lucha diaria por la supervivencia.

Esta fue una experiencia en carne propia de lo que significaba ser una ciudadana de segunda clase. Mónica siguió el mandato cultural de permanecer invisible y en silencio soportando estos acontecimientos.

"Nos criamos en una cultura de padres y abuelos silenciosos. Mis padres siempre trataban de permanecer invisibles y callados, por miedo a ser *descubiertos* y castigados. De alguna forma nos transmitieron ese miedo. Crecí sintiendo que la mejor manera de estar a salvo era permanecer invisible y no destacarme", compartió conmigo. Este deseo de permanecer invisible se intensificaba cuando sus vecinos llamaban constantemente a la policía sin otra razón que su aspecto diferente.

En la escuela primaria, Mónica experimentó el aislamiento que muchos niños hispanos y afroamericanos tuvieron que soportar. Mientras que la segregación de los niños afroamericanos no es desconocida, la de los niños hispanos se ha mantenido sellada dentro de los candados de nuestro silencio cultural y el miedo a expresar nuestra verdad.

"En 1985, cuando era una estudiante de diez años, nuestra maestra solía sentar a los niños más inteligentes en la parte delantera de la sala de clase. Los niños latinos y afroamericanos solían sentarse atrás del todo, *sin excepción*", dijo Mónica mientras tomó una respiración profunda, reviviendo una vez más esos dolorosos recuerdos que le habían causado una enorme vergüenza y culpa. "Enseguida sentí que me habían etiquetado como "*no lo suficientemente inteligente*", solo por mi aspecto o por cómo hablaban mis padres. ¿Y sabes qué?", me miró con tristeza, "me lo creí. Llegué a creer que no era tan capaz ni tan merecedora como los niños blancos sentados en las primeras filas".

El tiempo fue pasando y cada experiencia fue reforzando aún más aquellas primeras creencias limitantes que Mónica había construido sobre sí misma. Allí estaba en el 2015, sentada en su escritorio y totalmente en shock por el comentario de su compañero de trabajo. Se sentía impotente y destrozada. Unas semanas más tarde renunció a su trabajo y se tomó un tiempo libre en un intento de recuperarse de una terrible enfermedad y de salir del oscuro agujero en el que había caído.

A través de sus experiencias, Mónica había construido una imagen mental tan baja acerca de su valor que su autoestima y la confianza en sí misma estaban por el piso. Sin embargo, había algo dentro de ella que la empujaba a triunfar y hacer las cosas bien, pero el precio que acabó pagando fue demasiado alto. Mónica manejó sus luchas internas lo mejor que pudo, hasta que su salud se vió afectada por una enfermedad casi incapacitante.

Cuando tocas fondo, no queda otra más que encontrar el camino hacia arriba y levantarte. En tus noches más oscuras, cuando te preguntas por qué estás en este planeta y cuál es tu propósito, tu espíritu grita en búsqueda de la libertad y del sentido de la vida, intentando alejarse desesperadamente de la impotencia.

En mis noches más oscuras me aferré a Dios, el Dios que había olvidado durante mis años más exitosos, y le pedí desesperadamente algo de claridad sobre los próximos pasos que debía dar.

Y poco después, las respuestas llegaron a raudales.

En una soleada mañana de verano sonó mi teléfono. Era Aixa López, una profesional puertorriqueña muy influyente que trabaja en la Cámara de Comercio Estatal Hispana de Nueva Jersey (Statewide Hispanic Chamber of Commerce of New Jersey), y cuya historia de vida conocerás más adelante en este libro. Me ofreció la oportunidad de llevar adelante el relanzamiento de la plataforma de educación a emprendedores hispanos, y mi corazón dijo "sí" antes de que mi cerebro pudiera pensar demasiado. Me lancé a hacerlo.

Lo que siguió para mí fue una poderosa inmersión en los sueños, los traumas, las luchas y el poder de la comunidad hispana en Estados Unidos, que no eran sino el fiel reflejo de mis propias luchas, mis heridas y mis esperanzas.

Al tiempo que apoyaba a mujeres latinas de diferentes entornos y países para que lograsen el éxito como propietarias de negocios, celebré sus victorias, lloré sus lágrimas y, lo más importante, las escuché. Me conmovió profundamente esa súplica tan interna que ellas expresaban, en su búsqueda de un verdadero sentido de pertenencia y de realización personal y profesional; la misma súplica que hacía mi corazón. Cientos de voces se sentían silenciadas, limitadas y disminuidas.

Mientras les ayudaba a que sus vidas dieran un giro hacia espacios con mayores posibilidades y oportunidades, yo seguía dándole un giro a la mía, desafiando mis propias creencias y las narrativas culturales limitantes, como la inferioridad, la falta de merecimiento y la carencia que alguna vez había aceptado como verdades. A medida que me volvía fiel a mí misma, más alineada con mi verdadero ser, más auténtica y segura, ellas también lo hacían. Cuando creces espiritualmente, tu crecimiento también impacta a quienes te rodean.

"¿Sabían que los hispanos somos una paradoja?" pregunté a casi un centenar de emprendedoras y emprendedores latinos, mientras ellos me miraban fijamente desde sus asientos, en lo que yo sabía que definitivamente no sería un taller más de negocios. Esto sería bien diferente.

La mayoría de los participantes eran inmigrantes e hijos de inmigrantes, y Mónica estaba sentada entre el público, preguntándose probablemente qué es lo que yo diría a continuación.

"Esto es lo que yo llamo la paradoja hispana", continué, "los números muestran nuestro enorme poder. Según la Oficina del Censo, en el 2020 había 62,1 millones de hispanos en los Estados Unidos, y seremos 111 millones en el 2060. Para entonces, aproximadamente uno de cada cuatro estadounidenses será hispano".

"Las estadísticas demuestran que estamos alcanzando niveles cada vez más altos en nuestra educación, y diferentes medios de comunicación mencionaron recientemente que abrimos nuestros negocios a una tasa más alta que todos los demás grupos poblacionales. Somos el motor de la economía estadounidense, ya que contribuimos con 2,6 billones de dólares al PIB (Producto Interno Bruto) de los Estados Unidos, según un informe de Forbes de 2020", les compartí con entusiasmo.

Continué: "Esta cifra es tan significativa que, si fuésemos nuestro propio país, seríamos la octava economía más importante del mundo".

Hice una pausa para mirarlos y pude notar que la mayoría estaba considerando el enorme significado de esas impactantes cifras por primera vez. De hecho, según una encuesta de *We Are All Human*, casi el 80 por ciento de los hispanos no somos conscientes de nuestro poder y desconocemos nuestros logros colectivos.

"A pesar de este poder", proseguí, "estamos muy atrasados en absolutamente todas las métricas relevantes que miden la inclusión, la equidad y el acceso a la creación de riqueza: tamaño de los negocios, acceso al capital, niveles salariales, ascensos profesionales y representación en las posiciones de liderazgo corporativo y juntas directivas, por nombrar algunas".

"Somos extremadamente relevantes y poderosos, y lo seremos aún más con el paso del tiempo; sin embargo, no hemos despertado a nuestro poder e influencia, y seguimos sin ser vistos ni apreciados. Y eso... es una paradoja". Proclamé.

Hice una pausa y respiré profundamente. Me di cuenta de que había creado el momento perfecto para lanzarles la pregunta más importante.

"Entonces... ¿cómo cambiamos esto? ¿Por dónde empezamos?" les pregunté.

"¡Cambiando el gobierno!", gritaron algunos, llenos de emoción. "¡Cambiando las reglas para que la supremacía blanca tenga menos poder!", añadieron algunos. "Hacer que el sistema sea equitativo", se atrevieron otras.

Miré sus rostros sonrojados y les pregunté, a manera de sugerencia y en un tono de voz muy tranquilo: "¿Qué tal si empezamos por cambiar nosotros mismos?".

La sala se quedó en silencio.

"¿Qué tal si empezamos por mirar nuestros guiones culturales y personales, y si desenterramos esas creencias limitantes que heredamos de nuestros antepasados y que nos dicen que no somos lo suficientemente buenos o que lo que aportamos no importa?"

"¿Qué tal si dejamos de luchar contra lo que somos y utilizamos esa energía para conseguir lo que queremos en la vida?"

Hemos estado funcionando bajo una *mentalidad colonial*, y la mayoría de las veces, no hemos sido conscientes de ello. Una mentalidad colonial es un conjunto de creencias culturales que influyen en nuestras decisiones y comportamientos. Es una forma de pensar tan arraigada en nuestra mente, que puede que no nos demos cuenta de la gran influencia que ejerce en nosotras. Descubrí que esta mentalidad es bastante frecuente en quienes somos inmigrantes o hijas de inmigrantes. La trajimos de nuestras tierras latinoamericanas en el proceso de sumergirnos en el sistema estadounidense, y aún no nos hemos tomado el tiempo necesario para desaprenderla.

Por eso, cuando aparecen muy buenas oportunidades para nosotras, podemos sentirnos incómodas, temerosas y hasta ansiosas. Muchas de nosotras vivimos nuestras vidas sintiendo que no encajamos completamente en nuestros espacios, y algunas de nosotras hasta hemos sentido que deberíamos estar agradecidas de que se nos permita vivir en este país, aun siendo ciudadanas legales.

Desde hoy, consideremos que esto puede ser diferente, porque estamos llamadas a desaprender lo que ya no nos sirve.

Mónica me observaba desde su asiento, sus ojos irradiando luz. Me di cuenta de que ella ya había hecho su tarea de desaprender y sanar. Ella había salido de ese lugar oscuro donde estaba, al igual que yo, para abrazar la verdad de quien ella es.

Más tarde, Mónica compartiría conmigo lo que se parece mucho a mi propia experiencia: "En algún momento tuve que decidir soltar todo el condicionamiento, todo el miedo y la necesidad de ser invisible. Tuve que ver y aceptar con compasión aquellas partes de mí que se sentían inferiores, no lo suficientemente buenas y con miedo. Tuve que perdonar a los demás y entender que ellos también estaban programados".

$$* \quad * \quad *$$

A través de historias reales, investigaciones y reflexiones, este libro traza una hoja de ruta para desaprender y sanar lo que ya no necesitamos cargar. Nos invita a ser dueñas de nuestro poder individual y colectivo y a romper las cadenas de inferioridad, impotencia, desmerecimiento, colorismo racial y competencia entre nosotras. Como latinos, somos una cultura diversa y compleja, con distintos niveles de aculturación y diferentes perfiles raciales. Por lo tanto, las ideas y lecciones que se tratan en este libro pueden aplicarse a cada una de nosotras de manera diferente. Te invito a evaluarlas y a adoptar las que tu corazón indique que pueden brindarte el mayor apoyo en tu extraordinario camino de vida.

A lo largo de estos capítulos me referiré indistintamente a latinas y a hispanas, aunque ambos términos tienen significados diferentes. "Latinas" se refiere a quienes tienen ascendencia en América Latina y excluye a países como

España, mientras que "hispanas" se refiere a quienes tienen ascendencia en países que hablan el español, incluyendo a España, pero excluyendo a los países no hispanohablantes como Brasil.

Si eres latina, mi deseo es que leyendo este libro aceptes tu camino de vida y que aprendas de las poderosas historias de otras hermanas latinas que se abrieron camino antes que nosotras. Mi intención es que adquieras una mayor conciencia sobre las narrativas culturales limitantes que pueden estar dirigiendo tu vida, particularmente cuando te mueves por nuevos espacios, y que te sientas animada a tomar acción desde tu amor propio y autoestima.

Si eres un aliado buscando apoyar a nuestras latinas, te agradezco que estés aquí. Contamos con tu apoyo para avanzar como comunidad. Mi intención es proporcionarte ideas poderosas sobre cómo apoyar a las latinas en su camino, particularmente a aquellas que son las primeras en sus familias en acceder a espacios académicos y profesionales.

A medida que nos convertimos en *Latinas Descolonizadas* y rompemos las cadenas del pensamiento ancestral y los últimos restos del patriarcado, del sesgo sistémico y del machismo, no solo seremos capaces de reclamar nuestra voz y nuestro poder, sino que también adoptaremos de lleno nuestro rol como creadoras del futuro de este país que *es* nuestro hogar. Y al hacerlo, nos transformaremos en faros de esperanza para nuestras hijas, hermanas y madres.

Hermanas latinas: somos el secreto mejor guardado de la historia de los Estados Unidos. Bienvenidas a casa.

PARTE I

ENTENDIENDO NUESTROS ORÍGENES

CAPÍTULO 1

POSEEDORAS DE UN PODER QUE DESCONOCEMOS Y LISTAS PARA EL CAMBIO

——

Las latinas somos el secreto mejor guardado de la historia de los Estados Unidos, incluso para nosotras mismas.

Somos poderosas más allá de lo que imaginamos, y tal vez porque no somos plenamente conscientes de ello, combinado con nuestros mandatos culturales de servidumbre y humildad, todavía no nos hemos atrevido a caminar seguras de nosotras mismas por los espacios de liderazgo e influencia que se abren frente a nosotras.

Este capítulo te aportará datos, perspectivas y claves que te ayudarán a comprender nuestro poder y también a identificar dónde están las áreas de oportunidad. A medida que vayas tomando conciencia de nuestras contribuciones y reconozcas nuestro poder, no solo ganarás una renovada confianza en el valor de tus contribuciones, sino que también podrás utilizar esta información para acelerar tu carrera, o para direccionar oportunidades, recursos, mentores y mucho más a nuestra comunidad.

Al final del día, si no tenemos conciencia de lo que nos hace extraordinarias, no podremos esperar que los demás lo adivinen.

Me llevó casi dos décadas de vivir en los Estados Unidos para llegar a comprender el poder que poseemos, pero que aún no ejercemos. En retrospectiva, recién en los últimos cinco años pude abrazar plenamente y con orgullo mi latinidad o mi pertenencia a nuestra comunidad latina. En mis primeros años como inmigrante me consideraba argentina, y pensaba que el término latina estaba reservado exclusivamente para las nacidas en los Estados Unidos.

Alrededor del 2018, cuando me vi rodeada de muchos otros latinos día tras día (un gran cambio con respecto al entorno corporativo dominado por anglosajones en el que me había visto inmersa hasta entonces), descubrí un nuevo sentido de pertenencia y propósito. Fue entonces cuando salí del armario de mi etnicidad y declaré plenamente mi latinidad.

Cuanto más me conectaba con otros latinos, desde ese lugar auténtico donde se crean vínculos fuertes y amistades para toda la vida, más abrazaba mi propia identidad con orgullo. Por primera vez desde que llegué a los Estados Unidos, sentí que pertenecía a un grupo y me convertí en una testigo cercana y en una orgullosa defensora del empuje, la fe, la alegría y la libertad que caracterizan nuestra cultura y que impregnan nuestras células.

Si te sientes un poco por fuera de nuestra comunidad, considera la posibilidad de conectarte con latinos de orígenes diferentes a los tuyos y proponte a *realmente* conocerlos. Escucha con mucha atención sus historias de lucha y sus triunfos, así como los de sus antepasados. Te enamorarás de lo que somos, como me pasó a mí.

En las próximas páginas y mientras abres tu corazón a una renovada comprensión de nuestra grandeza, compartiré datos que demostrarán el extraordinario valor y las contribuciones de los hispanos, al tiempo que identificaré aquellos espacios donde aún no hemos ejercido plenamente nuestro poder.

SOMOS EXTRAORDINARIAS MÁS ALLÁ DE LO QUE PODEMOS IMAGINAR

Un artículo de la Oficina del Censo, escrito por Jones y sus colaboradores, muestra que en el 2020 había 62,1 millones de hispanos en los Estados Unidos, es decir, que éramos el 18,7 por ciento de la población. Para poner esta cifra en perspectiva, de veintiún países de América Latina solo dos tienen una población mayor a este número: Brasil y México. (*Statista*)

Ese mismo artículo explica que los latinos estamos creciendo seis veces más rápido que la población no latina y que impulsamos más de la mitad del incremento de la población estadounidense. Las proyecciones indican que representaremos el 27,5 por ciento de los Estados Unidos para el 2060, o dicho de otra forma, uno de cada cuatro estadounidenses será latino dentro de cuarenta años. Nuestra presencia será más notable en los estados donde la población latina es ya muy fuerte en la actualidad. En el 2020, los latinos ya representaban el 47,7 por ciento de Nuevo México, el 39,4 por ciento de California y el 39,3 por ciento de Texas.

Nuestra importancia va más allá de las cifras de población, dado que también somos contribuyentes clave a la economía estadounidense.

En un informe de *Forbes* del 2020, se muestra que la contribución de los latinos al PIB (Producto Interno Bruto) de los Estados Unidos, alcanzó los 2,6 billones de dólares, creciendo un 53 por ciento por encima de las cifras del 2010. Esta cifra mide el valor agregado de todos los bienes y servicios producidos por los latinos. Para poner esto en perspectiva, el PIB latino nos posicionaría como la octava economía más grande del mundo si los latinos en los Estados Unidos fuésemos nuestro propio país. En otras palabras, seríamos tan grandes como la India, Francia o el Reino Unido, más grandes que Italia, Brasil y Corea del Sur, y más del doble del tamaño de la economía de México.

Hace algún tiempo me encontré con un artículo de la revista *Hispanic Executive* donde se estima que los latinos seríamos la tercera economía de más rápido crecimiento en el planeta si fuésemos nuestro propio país. ¡Y si esto ocurre ahora, imagínate lo que será cuando lleguemos a ser casi un tercio de la población de los Estados Unidos!

Ese artículo continúa citando a Ana Valdez y Sol Trujillo, líderes de *Latino Donor Collaborative*: "Con la reducción de la fuerza laboral de los Estados Unidos, los latinos son la caballería que viene a rescatar esta economía. La comunidad latina de los Estados Unidos es joven, crece seis veces más rápido que el resto de la población y tiene una tasa de participación laboral más alta". De hecho, los latinos representaron el 78% de los nuevos puestos de trabajo netos desde la Gran Recesión, e impulsaron el 82 por ciento del crecimiento neto de la mano de obra estadounidense en los últimos años.

Al tiempo que nuestra importancia en los Estados Unidos y el mundo continúa expandiéndose, nuestras generaciones más jóvenes deben recibir apoyo no para ser solo "abejas obreras", sino para que contribuyan plenamente sus talentos, con el objetivo de que un mayor número de latinos pueda llegar a ocupar posiciones de influencia y liderazgo.

Más adelante en este libro, abordaremos la importancia de la educación para llevarnos a esos espacios y analizaremos el progreso significativo que nuestra comunidad ha logrado para continuar educándose. Por ahora, ten en cuenta la crucial importancia de tu rol como madre latina, educadora o influyente sobre las generaciones más jóvenes. En tus manos están las llaves para moldear nuestro futuro colectivo.

ESTAMOS ASCENDIENDO PROGRESIVAMENTE A CLASES SOCIALES MÁS ALTAS

Somos una población joven: la edad media de los latinos es de 29,3 años, 11 años menos que los no latinos. Esto también es indicativo de que nuestra comunidad se está acercando a sus años de mayores ingresos. Seguiremos ganando más dinero e invirtiendo y gastando más, consolidando así nuestra posición como impulsores clave del PIB estadounidense.

Sin embargo, aquí no se trata de solo ganar y gastar más, sino de acceder progresivamente a las esferas de poder donde se toman las decisiones.

Parece que como comunidad, vamos dando pequeños pero insistentes pasos en dirección a esas esferas de poder. En un documento reciente titulado *"Race and Economic Opportunity in the US"* (Raza y oportunidades económicas en los Estados Unidos) se indica que los hispanos tienen tasas de movilidad intergeneracional similares a las de los blancos. Esto significa que las generaciones más jóvenes de latinos ascienden desde las clases sociales más bajas a las más altas, gracias a la trayectoria ascendente de nuestros ingresos.

En otras palabras, nuestros latinos más jóvenes y con mayor formación académica, ganan más dinero que las generaciones anteriores, siendo capaces de acceder a clases sociales más altas.

A pesar de este progreso en la movilidad social, queda bastante trabajo por hacer para que nuestros latinos más jóvenes sean realmente dueños de su espacio, sintiéndose iguales, bienvenidos y valorados. Como comentaré más adelante en este libro, la mentalidad colonial de inferioridad, silencio y no merecimiento puede transmitirse inconscientemente de una generación a otra.

NUESTROS *AGUERRIDOS* FAVORITOS: LAS PEQUEÑAS EMPRESAS. Y LOS LATINOS SON LOS DUEÑOS DE ESTE ESPACIO

Creo que no alcancé a comprender cuán poderosa es nuestra comunidad empresarial latina hasta que tuve que hacer una investigación como directora de la plataforma de educación a emprendedores de la Cámara Hispana. Cuando presenté la información a una audiencia de 250 empresarios hispanos y patrocinadores corporativos y gubernamentales, se hizo notable como todos ellos alternaban entre el silencio, por lo sorprendidos que estaban, y los aplausos de pura emoción mientras celebraban nuestro valor y el alcance de nuestras contribuciones.

La Cámara de Comercio Hispana de los Estados Unidos (*The US Hispanic Chamber of Commerce*, en inglés) indica que hay 4,7 millones de empresas propiedad de hispanos. Además, un informe de *Stanford* del 2020 afirma que el número de empresas propiedad de latinos ha crecido un 34 por ciento en los últimos diez años, en comparación con solo el uno por ciento para todas las demás pequeñas empresas.

Mientras estaba de pie frente a mi audiencia, también compartí algunos datos reveladores de una Encuesta de Propietarios de Negocios que indica que el 52,4 por ciento de todos los negocios de propiedad latina pertenecen a personas nacidas en el extranjero, es decir, inmigrantes como yo. Ante este hecho, la gente empezó a aplaudir emocionada. Los inmigrantes trabajadores vienen a este país decididos a que les vaya bien, y muchas veces el ser dueños de un pequeño negocio les permite salir de la pobreza, realizando muchas veces trabajos que otros no estarían dispuestos a hacer.

Las mujeres latinas somos particularmente emprendedoras. Un estudio de American Express muestra que hay 2,4 millones de negocios propiedad de latinas, y que este número aumentó un 39,6 por ciento solo entre los años 2014 y 2019. Estamos abriendo nuevos negocios más rápido que otros grupos poblacionales, constituyendo así el 31 por ciento de todos los nuevos negocios propiedad de mujeres. Esto es significativo, tomando en cuenta que las mujeres latinas representan el 17 por ciento de la población femenina.

Estas son solo algunas de las muchas estadísticas que demuestran lo inmensamente valiosas que *ya somos* para la economía estadounidense, y hay muchas otras más en torno a las contribuciones culturales, artísticas, políticas y científicas, por nombrar solo algunas.

Pero nuestras cifras no son todo rosas, también hay espinas. Analicemos las brechas existentes para revelar dónde estarán en la próxima década las mayores oportunidades para nuestro crecimiento y movilidad social.

LAS ÁREAS EN LAS QUE ESTAMOS TODAVÍA REZAGADAS OCULTAN LAS MAYORES OPORTUNIDADES DE CAMBIO

A pesar del poder de nuestros números, de nuestras contribuciones y de lo relevantes que somos para la economía estadounidense, todavía estamos rezagadas en varias métricas claves que tienen que ver con el acceso a oportunidades de creación de riqueza y a espacios de liderazgo e influencia. Lo que significa que todavía hay trabajo por hacer para que podamos acceder a esos espacios de toma de decisiones.

En el 2019 asistí a un evento del Día de la Igualdad Salarial de las Latinas, donde me enteré por primera vez de que las latinas están significativamente subpagadas. En ese evento conocí a Elisa Charters, presidenta de *Latina Surge National*, una organización sin fines de lucro que aboga por la creación de riqueza y el empoderamiento de latinas y otras mujeres de color. Elisa es la primera generación de su familia que llega a la universidad, tiene una empresa de consultoría y forma parte de múltiples consejos de administración.

Desde el podio y como maestra de ceremonias del evento, Elisa enfatizó la importancia de reconocer a las empresas que apoyan a las latinas y a otras mujeres de color, proporcionándoles igualdad salarial, y brindándoles entrenamiento, patrocinio y mentoría.

Las empresas deberían ser responsables por la eficacia o ineficacia de sus esfuerzos en materia de diversidad, equidad e inclusión, dado que la brecha de riqueza es real y afecta a las latinas más de lo que nos imaginamos.

"El estudio de investigación *McKinsey Women in the Workplace,* muestra que las latinas en los Estados Unidos ganan en promedio un 45 por ciento menos que a los hombres blancos no latinos y un 30 por ciento menos que a las mujeres blancas", dijo Elisa, mirando al público. "Esto significa que una mujer latina tarda casi dos años en ganar el mismo salario que gana un hombre blanco no latino en solo un año, cuando ambos tienen experiencias laborales y niveles de educación similares".

Estas cifras me descolocaron. O sea, que en mis veinte años de carrera y antes de lanzar mi negocio, yo gané lo mismo que un hombre blanco no latino ganó en solo once años, la mitad del tiempo. Esto significaba que yo había trabajado el equivalente a dieciocho mil horas no remuneradas. Asumiendo un salario hipotético de cincuenta dólares por hora, eso equivaldría a casi un millón de dólares en salarios que nunca recibí, que invertidos y compuestos probablemente se acercarían a los dos millones de dólares.

Elisa continuó: "Desde nuestro primer trabajo en la escuela secundaria, las latinas cobramos menos que los chicos blancos de la misma edad, y la brecha solo crece a partir de ahí. En el transcurso de la carrera profesional de una latina promedio, la pérdida de ingresos suma más de un millón de dólares".

Ahora sí, Elisa llamó aún más mi atención.

"También nos quedamos rezagadas en el crecimiento profesional. Las latinas pedimos ascensos y aumentos de sueldo a un ritmo similar al de los hombres blancos no latinos, pero el llamado 'broken rung', ('peldaño roto' en español), sigue frenando nuestro avance hacia esos ascensos laborales que no llegan tan rápido para nosotras como para los hombres blancos, y que pueden ser determinantes en nuestro camino a hacia una posición de liderazgo", expresó Elisa con pasión. De hecho, el informe McKinsey muestra que por cada cien hombres ascendidos a gerentes, solo setenta y un latinas son promovidas. Y estas cifras no han cambiado mucho en las últimas décadas.

Yo estaba que ardía de furia. Sentí que había que hacer algo al respecto.

Me acerqué a Elisa al final del evento y acordamos reunirnos para un café unos días más tarde. No mucho tiempo después, me uní a ella en una misión para ayudar a cambiar esto a través de *Latina Surge National*. Nuestros intereses en común nos acercaron y nos convertimos en hermanas, compartiendo un sentido de propósito, apoyo mutuo y lealtad.

Nuestras vidas se entrelazan de formas inexplicables y sorprendentes.

Desde entonces, he conocido a muchas hermanas latinas que se convirtieron en mi círculo de confianza, en mi tribu de una forma descolonizada: nos apoyamos unas a otras, estamos atentas a las oportunidades que van surgiendo para las demás y nos motivamos mutuamente a soñar en grande. Eso es lo que hacen las hermanas.

NUESTRAS MUJERES LATINAS ESTÁN EN TODAS PARTES, EXCEPTO EN LOS PUESTOS DE LIDERAZGO

La reticencia sistémica de promover a las latinas desde el inicio de sus carreras, unido a otros factores sistémicos y a circunstancias personales como la maternidad y la falta de flexibilidad en el lugar de trabajo, dan como resultado una escasez generalizada de talento latino en los puestos directivos. Las latinas que acceden a esos espacios suelen confirmar que son las únicas latinas en esa posición.

Un informe de la Universidad de Massachusetts muestra que los hombres blancos ocupan el 65,5 por ciento de los cargos directivos, las mujeres blancas el 19,7 por ciento y las latinas un desolado 1,5 por ciento. Asimismo, los hombres blancos ocupan el 43,5 por ciento de los puestos gerenciales, las mujeres blancas el 31,6 por ciento y las latinas un triste 4,1 por ciento. Los hombres afroamericanos y latinos corren con algo de ventaja, ya que tienen más probabilidades que las latinas y otras mujeres de color de acceder a puestos ejecutivos y directivos.

En lo que respecta a latinas en los consejos de administración, las cifras son igualmente desalentadoras. Veamos el ejemplo de California. Un artículo de *Diversity Inc* muestra que a pesar de que los latinos representan el 39,4 por ciento de la población, las mujeres blancas constituyen el mayor número de nuevos nombramientos en los consejos de administración de las empresas, con casi el 80 por ciento, seguidas por las mujeres asiáticas con un 11,5 por ciento y las afroamericanas con el 5,3 por ciento. Aunque las latinas representan aproximadamente el 40 por ciento de todas las mujeres del estado, solo suman el 3.3 por ciento de los nuevos nombramientos en los consejos de administración.

Esta situación no hace más que empeorar en los niveles de liderazgo corporativo. En las empresas de la lista *Fortune* 500, de las cuarenta y un mujeres que dirigen empresas como directoras generales (CEO), solo dos son afroamericanas, y solo una es latina. Esto es inaceptable. Si tuviésemos en cuenta nuestro porcentaje de población, deberíamos encontrar siete directoras generales latinas en las empresas de *Fortune* 500, y no solo una.

¿Y NUESTRAS HERMANAS EMPRESARIAS?

A pesar de que las latinas abrimos negocios a un mayor ritmo que cualquier otro grupo poblacional, nuestros emprendimientos permanecen generalmente pequeños. El informe de *American Express* muestra que las latinas alcanzan solo el 23 por ciento de los ingresos anuales que obtienen las mujeres blancas no latinas.

Si bien hay diferencias en la industria y las latinas tienden a operar en espacios de menores ingresos, históricamente hemos enfrentado un acceso limitado al capital y los préstamos, a los mentores y a los recursos para expandirnos. He caminado por los senderos del emprendimiento durante los últimos cinco años como propietaria de un negocio y como mentora de empresarias latinas, y puedo asegurar que las oportunidades de crecimiento significativo realmente no abundan para nosotras, a menos que estemos ya establecidas y ganando más de seis cifras al año.

Es interesante observar a los hombres latinos haciendo negocios con otros hombres latinos. He sido testigo de cómo nuestros latinos tienden a hacer negocios y compartir oportunidades con otros hombres latinos, incluso cuando esos hombres están menos cualificados que las mujeres latinas. El machismo y el sesgo inconsciente siguen siendo frecuentes entre los hispanos, notándose más en algunas regiones de los Estados Unidos que en otras.

Lo que es interesante de resaltar de estas brechas es que las mismas comienzan a reforzar nuestras creencias culturales limitantes. Ante estas barreras y dificultades, empezamos a creer que no importamos o que no estamos preparadas para triunfar en nuestros espacios. Nos llenamos de dudas acerca del valor que aportamos, o sentimos que tenemos que cambiar quienes somos para tener éxito. Nos enredamos aún más en nuestra mentalidad colonial y en nuestras creencias obsoletas sobre quiénes somos y sobre lo que es posible para nosotras.

IMPULSANDO EL CAMBIO QUE DESEAS VIVIR

A estas alturas espero que estés tan informada e inspirada para impulsar el cambio como lo estaba yo cuando conocí a Elisa. Aún no hemos abordado otras brechas importantes como lo son el acceso a la vivienda, la educación, la atención sanitaria y muchas más. Sin embargo, la pregunta al observar todos estos parámetros sigue siendo la misma: *si somos tan relevantes para los Estados Unidos, ¿por qué estamos tan rezagadas?*

Mi planteamiento es que esto sucede en parte porque no hemos sido conscientes del poder que tenemos, no hemos desaprendido todavía las narrativas culturales que nos frenan, y aún no nos hemos unido más allá de nuestra diversidad, competencia y colorismo.

Después de toda la investigación que realicé y todas las conversaciones que mantuve sobre este tema, hay algo que me queda muy claro: hermanas latinas, no podemos resolver esta paradoja solas. Los aliados son fundamentales, ya que los mismos ya están ubicados en esos espacios a los que queremos tener más acceso.

El cambio empieza por TI, al desaprender las narrativas
limitantes que ya no te sirven

Nuestro salto colectivo tendrá lugar cuando dejemos de intentar cambiar a los demás, y cuando tengamos bien clara la intención de explorar las profundidades de nuestro ser, para empezar a darle un giro a nuestra realidad personal desde dentro.

Antes de abordar el proceso de desaprender nuestras narrativas limitantes ancestrales y de sumergirnos en las fascinantes historias de nuestras hermanas latinas, demos un paso atrás y analicemos cómo la colonización moldeó nuestras culturas. Este será un breve resumen histórico, que será novedoso y revelador, se los prometo.

CAPÍTULO 2

CÓMO LA COLONIZACIÓN MOLDEÓ NUESTRAS CULTURAS E IDENTIDADES

———

"Muchos de nosotros tenemos poca capacidad para manejar nuestro lado sombrío, y mucho menos el lado sombrío de nuestra iglesia, grupo, nación o período de la historia que nos ha tocado vivir. Sin embargo, estas zonas de sombra son buenas y necesarias maestras".

—RICHARD ROHR

En mi caso personal, entender la cara de la historia a la que no había sido expuesta en la escuela fue absolutamente revelador y fascinante. Y, créanme, ¡Historia estaba lejos de ser mi asignatura favorita! Permítanme que comparta con ustedes aquello que abrió mis ojos a una historia desconocida.

"Nuestra cultura, nuestros antepasados, fueron colonizados. El colonizador llegó a nuestra tierra, a nuestros países y se apoderó de todo lo que teníamos y poseíamos", dijo Lorena, una ejecutiva de la industria farmacéutica cuya historia de inmigración fue destacada en *People en Español*. Cuando leí ese artículo, no dudé en ponerme en contacto con ella para entrevistarla para mi libro.

Tomamos un corto paseo en una soleada mañana de sábado, en la que su apretada agenda de trabajo nos permitió conectar mientras sus hijos asistían a una clase de fútbol en un campo cercano.

"El impacto de la colonización fue devastador, no solo para nuestras tierras, sino para nuestra cultura y patrones mentales. Pero esto es algo de lo cual no hablamos", dijo Lorena.

De hecho, la colonización es un tema controversial que se diluye en los libros de historia o se aborda con rabia y odio en las redes sociales. El malestar que este tema provoca apunta a la existencia de heridas culturales y raciales no cicatrizadas y que aún hoy, 500 años después, nos afectan enormemente.

Antes de sumergirnos en nuestras narrativas limitantes y las historias de nuestras hermanas latinas, este Capítulo ofrecerá una visión necesaria de cómo la colonización moldeó nuestras culturas, sin la intención de ofrecer una narración histórica detallada, sino una visión general de alto nivel de las fuerzas verdaderamente complejas que moldearon nuestras identidades y nuestro sistema de creencias.

La primera oleada de "inmigrantes" a tierras latinoamericanas fue liderada por Cristóbal Colón en 1492. Teniendo en cuenta los acontecimientos que ocurrieron después de desembarcar en nuestro hermoso suelo, me pregunto si tenían las mejores intenciones en mente, o si tal vez su buena intención inicial fue sobrepasada por la codicia al ver la excesiva cantidad de oro y plata en nuestras tierras.

Los detalles exactos y la verdad de lo sucedido se quedarán probablemente enterrados para siempre en el tiempo y el espacio. Ambas partes se enzarzaron en una guerra voraz en la que solo prevaleció una de ellas. En aquel momento, los europeos eran la civilización más avanzada tecnológicamente y habían dominado el hierro y la pólvora. Asimismo, se las ingeniaron para traer consigo nuevas bacterias y virus que rápidamente se propagaron entre los nativos, matando a millones de personas.

En su revelador libro *Las Venas Abiertas de América Latina: Cinco Siglos de Saqueo de un Continente*, Eduardo Galeano calcula que había al menos setenta millones de "indios de las Américas" (como se les llamaba en ese entonces) antes de Colón, y que un siglo y medio después, esa población había sido diezmada a 3,5 millones. Este exterminio se produjo mayormente como consecuencia de las nuevas enfermedades introducidas al nuevo continente y fue acelerado por el despliegue de esclavos que se utilizaron para devastar el suelo y las minas.

Galeano relata las posibles condiciones inhumanas en las que los nativos eran obligados a trabajar en las minas, mientras un botín inimaginable alimentaba el desarrollo económico de los países europeos que impulsaban los esfuerzos de la colonización. "Las poblaciones de las islas del Caribe fueron totalmente exterminadas en las minas de oro, en la terrible tarea de revolver las arenas auríferas con el cuerpo a medias sumergidos en el agua, o roturando los campos hasta más allá de la extenuación con la espalda doblada sobre los pesados instrumentos de labranza traídos de España." (Galeano, 10:1997).

Continúa este autor argumentando que la pobreza que existe hoy día en Latino América es en parte consecuencia de la devastación que estas tierras y civilizaciones experimentaron en sus comienzos. La pobreza ha sido sistémica desde el inicio.

Pero no todos los acontecimientos que ocurrieron en el Nuevo Mundo fueron terribles y devastadores. Hay excepciones en la historia de opresión y dominación, como es el caso de los misioneros españoles que trabajaron junto a las tribus nativas americanas para construir comunidades en múltiples geografías, incluyendo lo que hoy es el suroeste de los Estados Unidos, particularmente California. En estos espacios aislados, los nativos americanos eran considerados personas y no "indios de las misiones", según la Fundación de las Misiones de California.

La historia de la colonización y la interminable dominación humana sobre culturas diferentes se repite a lo largo de los siglos y en varios continentes. La dominación no solo ha formado parte de la historia de América Latina, sino que también se encuentra en los afroamericanos, que fueron sometidos a torturas y esclavitud inimaginables, y en los habitantes de la India que sufrieron el dominio de la Corona británica hasta 1947, por mencionar otros dos ejemplos.

Seamos conscientes de ello o no, seguimos arrastrando las secuelas de esos acontecimientos traumáticos.

Como explica Ofelia Schutte en su *Resistencia al Colonialismo: Legados Latinoamericanos*: "Tanto en las geografías colonizadas como en las colonizadoras del mundo, y aún después de la descolonización política, las secuelas del colonialismo siguen vivas no solo en el ámbito político, sino que también están presentes en las experiencias diarias y ordinarias de los pueblos".

En otras palabras, todavía estamos experimentando las secuelas de este trauma. Pero como se trata de un tema del que generalmente evitamos hablar, nos es muy difícil captar en toda su dimensión cómo esos acontecimientos pasados se correlacionan necesariamente con nuestros comportamientos y nuestras decisiones actuales.

La colonización influyó en nuestras identidades, ya que moldeó desde el principio cómo nos vemos a nosotras mismas en relación con otras culturas, grupos o países que son aparentemente más avanzados, que tienen más poder económico, o cuyos habitantes tienen rasgos predominantemente anglosajones.

La percepción que tenemos acerca de nosotras mismas y de nuestra cultura latinoamericana en comparación con el mundo anglo es fascinante para mí: una latina de aspecto anglo criada en una cultura colonizada. Me expandiré sobre este tema en el Capítulo 3.

Pero antes de llegar allí, permítanme compartir una pregunta candente que me surgió durante el proceso de escritura de este libro: *¿Por qué hay una diferencia tan pronunciada en el desarrollo de países como los Estados Unidos o Canadá (lo* *que yo llamo norte) y el resto de América Latina (lo que yo llamo sur)?*

Hay diferencias significativas en el PBI, la renta per cápita, el desarrollo tecnológico, el acceso a la educación y el acceso a la salud, por nombrar algunas. ¿Cómo es eso posible, si todas las Américas fueron descubiertas más o menos al mismo tiempo?

DECODIFICANDO CÓMO SE ORIGINÓ LA BRECHA NORTE-SUR

Eduardo Galeano explica que en los inicios coloniales, el norte y el sur tenían sociedades muy distintas y con objetivos diferentes. Los peregrinos llegaron a Norteamérica con sus familias para establecerse y reproducir los sistemas de trabajo y vida que habían practicado en Europa, es decir, los colonos de Nueva Inglaterra nunca actuaron como agentes coloniales de la acumulación capitalista europea. El desarrollo de su nueva tierra era su auténtica motivación.

Por otro lado, España y Portugal no tenían necesariamente como objetivo el desarrollo económico de las tierras centro y suramericanas. Las nuevas clases dirigentes de la sociedad colonial latinoamericana tenían la misión de abastecer a Europa de oro, plata y alimentos. Por lo tanto, estos países solo invertían el capital necesario para sustituir a los esclavos desgastados.

América Central y América del Sur eran tan ricas en minerales, azúcar y café, entre otros productos, que la zona atrajo una codicia voraz que llevó al agotamiento de los recursos. En comparación, el territorio que hoy se denomina los

Estados Unidos de América tenía una "relativa insignificancia económica" lo que le dio más libertad y le permitió una temprana diversificación en sus exportaciones, más allá de las materias primas y los minerales. En otras palabras, este país tuvo una ventaja en el establecimiento de la manufactura y la industrialización porque se le dejó prácticamente solo y no se le explotó de la misma manera que Sur América.

Además de los recursos naturales y la industrialización, me pregunté qué papel desempeñó tanto la familia como la religión en la creación de esta brecha entre el norte y el sur. El Dr. Jaime Grinberg, Profesor de la Universidad Estatal *Montclair State University*, ofreció una visión muy relevante al respecto: "Los habitantes de la parte central de Europa, lo que hoy es Alemania, Austria, la República Checa, los Países Bajos y otros países similares, llegaron huyendo de la persecución religiosa. Los Menonitas y los Cuáqueros tuvieron una enorme influencia en el desarrollo del sistema democrático, y eran grupos orientados a la familia y a la comunidad", compartió conmigo.

Las sociedades centradas en la familia tienden a mantener un enfoque más holístico y a más largo plazo para el establecimiento y el desarrollo de sus comunidades, como ocurrió en el norte. Por otro lado, los primeros emigrantes a las regiones del sur llegaron en su mayoría solos, sin traer a su unidad familiar, lo cual motivó potencialmente un enfoque más oportunista y a más corto plazo en su toma de decisiones.

En lo que respecta a la religión, diferentes doctrinas configuraron el norte y el sur, estando el norte influenciado por el Protestantismo y el sur por la Iglesia Católica Romana.

Dentro del Protestantismo, tomemos como ejemplo a los Cuáqueros. Estos creían que se puede encontrar algo de Dios en cada persona, y hacían hincapié en una experiencia directa e interna de Dios, en lugar de ceremonias o rituales externos como sostienen otras religiones. Al buscar a Dios en su interior, los Cuáqueros atribuían un *valor* único a cada persona. Dicho con otras palabras, Dios se encuentra en cada individuo y eso hace que la persona en si misma sea *valiosa y digna*.

Este enfoque de la dignidad o merecimiento puede ser realmente diferente del que yo personalmente adopté mientras crecía en la Iglesia Católica Romana en América Latina.

En mi niñez asistí a la escuela católica y me volví muy devota. Con el correr de los años, alimentar y expandir mi vida espiritual me ha permitido seguir adelante en los tiempos difíciles. Sin embargo, mi temprana exposición a la doctrina religiosa dejó en mí una huella casi imborrable. Hace muy poco tiempo me di cuenta de que, como parte de mi primer camino espiritual, había inconscientemente abrazado el no merecimiento.

Aunque el núcleo de mi crecimiento espiritual giraba en torno al amor y a mi valor único como individuo, yo había inconscientemente abrazado la indignidad o el no merecimiento mientras repetía frases como "Yo no soy digna", o al darme tres golpes en el pecho cuando era pequeña al rezar oraciones que hacían referencia a la palabra "culpa" ("Por mi culpa, por mi culpa, por mi gran culpa").

Reconozco que en ese entonces probablemente no entendía esto como ahora. A pesar de los adultos bien intencionados que me rodeaban, le di el significado que pude. De adulta, tuve que desaprender esas narrativas de indignidad para abrazar mi espiritualidad de una forma totalmente nueva: una en la que soy digna y merecedora porque soy amada, y en la que está bien querer más e ir por más, para el bien mayor de todos.

En los últimos años y a través de mis talleres por Latinoamérica, aprendí que esta experiencia es compartida por muchos. Es decir, yo no estaba sola. Aunque no he encontrado estudios acreditados que investiguen la relación entre el sentirse valioso o merecedor y el desarrollo económico del norte y el sur, me pregunto cuál es el efecto en una comunidad cuando muchos individuos operan desde el desmerecimiento, sintiendo que no está bien querer más e ir por más.

A medida que nuestra sociedad se abre al diálogo sobre estos temas, tengo la esperanza de que un día podamos dialogar pacíficamente acerca del impacto aun presente de la colonización, sin temor a causar más división y a aumentar la intolerancia racial o religiosa. Ya han pasado más de 500 años, y nuestras comunidades desean con ansias que se produzca la tan necesaria sanación.

EN AMÉRICA LATINA, LAS MUJERES HAN TENIDO UN ROL LLENO DE RESTRICCIONES E INFLEXIBILIDAD

La llegada de hombres solteros al sur frente al arribo de unidades familiares al norte, configuró el papel de la mujer en ambas sociedades, como explicó el Dr. Jaime Grinberg: "Las mujeres nativas americanas colonizadas en las tierras del sur fueron absorbidas dentro del sistema patriarcal con la llegada de oleadas de hombres solteros procedentes de tierras europeas, lo cual las hizo prácticamente invisibles excepto por su papel en el hogar. Por el contrario, las mujeres de América del Norte tuvieron una experiencia diferente al convertirse en promotoras de grandes cambios sociales".

Con el tiempo, las mujeres de América Central y América del Sur quedaron aisladas de las esferas de la toma de decisiones. Dichas estructuras de poder se concentraron en torno a espacios militares, religiosos, industriales y agrícolas, ninguno de los cuales eran círculos frecuentados por las mujeres. Esto trajo como consecuencia la exclusión de las mujeres de las discusiones y los movimientos que impactaban el destino de nuestros países latinoamericanos, lo cual perpetuó un sistema clasista y machista.

Para dar un ejemplo de cómo se ha manifestado esto a lo largo del tiempo, veamos el Movimiento por los Derechos de la Mujer que comenzó en los Estados Unidos alrededor de 1848. Las mujeres asumieron roles de participación activa en la configuración de las estructuras sociales de este país, y acabaron reclamando el derecho al voto, el cual les fue concedido en 1920. Sin embargo, en México por ejemplo, las mujeres no pudieron votar hasta 1953. Hasta el día de hoy, muchas mujeres de América Central y América del Sur siguen luchando por encontrar su lugar y por alzar la voz en culturas en las que las expectativas sobre los roles de género parecen haber presentado cambios mínimos.

Esto es importante para ti y para mí, porque significa que nuestra generación de latinas será probablemente la primera en la historia en acceder en grandes números a esas esferas de influencia y toma de decisiones.

UNA RELACIÓN COLONIZADO-COLONIZADOR CADA VEZ MÁS CONVERGENTE

Unas semanas más tarde, volví a sentarme frente al Dr. Jaime Grinberg en una tarde soleada y ventosa a las puertas de la Escuela de Negocios de la Universidad Estatal de Montclair.

"Tras la colonización", dijo, "aún existe una especie de jerarquía entre colonizados y colonizadores".

Celso Furtado, un economista brasileño, lo explica en su Teoría de la Dependencia. Los países en vías de desarrollo proporcionan materias primas y mano de obra barata a los países industrializados, que a su vez producen productos manufacturados caros. Según Furtado, esta relación desigual de intercambio ha perpetuado el escaso crecimiento económico de los países en vías de desarrollo.

"Es realmente fascinante observar cómo la relación entre naciones está creando una polinización cultural cruzada, que está lejos de detenerse en el corto plazo", añadió el Dr. Grinberg.

Contemplar esta mezcla de naciones y culturas puede arrojar una nueva luz sobre la sorprendente evolución hacia la que se dirige el mundo. Creo que esta polinización cruzada es otra forma de decir que nos estamos convirtiendo en una raza humana cada vez más diversa, aunque unificada. Estamos avanzando hacia el derrumbe de las barreras de separación que erigimos y mantuvimos durante siglos.

Este concepto ha sido investigado por Homi Bhabha, y se conoce como *hibridación*, o la creación de una nueva cultura como resultado del encuentro colonial. Tal como se utiliza en horticultura, el término se refiere al cruce de dos especies para formar una tercera. Trasladando esta idea a nuestra sociedad significa que somos testigos de cruces lingüísticos, culturales, políticos y raciales que terminan con la construcción de una nueva cultura que encuentra en sí misma más puntos en común que de separación.

¡El futuro será maravillosamente convergente!

Si queremos convertirnos en las principales creadoras de ese futuro convergente, estamos invitadas a desaprender las narrativas coloniales que ya no nos sirven y que han creado división, inferioridad y servidumbre cultural entre nosotras. ¡Allá vamos!

CAPÍTULO 3

CÓMO UNA MENTALIDAD COLONIAL CREA INFERIORIDAD, AISLAMIENTO Y VICTIMIZACIÓN

———

En este capítulo, espero que puedas encontrar claves reveladoras que te ayuden a entender las razones por las cuales puedes haberte sentido incómoda, inferior o sola al enfrentarte a situaciones en las que eras una de las únicas latinas presentes.

Cuando llegué a los Estados Unidos en el 2002 e ingresé en la universidad de Dartmouth para cursar mi maestría en Administración de Negocios (MBA), me sentí absolutamente fuera de lugar. Sentí que no estaba preparada para el reto y además sentí terror ante un posible fracaso. Me sentía intimidada al estar rodeada de tantos estudiantes super inteligentes, sobre todo cuando se trataba de jóvenes americanos blancos no hispanos. Creía no estar a su altura, aún cuando tenía en mi haber muchos años de experiencia profesional y un expediente académico impecable.

Es entonces que intenté crear a mi alrededor una ilusión de protección, rodeándome mayormente de estudiantes que hablaban el español.

"Bienvenidos a la Escuela de Negocios Tuck School of Business at Dartmouth", dijo el Vicedecano, mientras mi marido y yo lo mirábamos atentamente, sentados en una sala enorme y rodeados de varios cientos de estudiantes recién llegados como nosotros.

"Tengo miedo de lo que pueda pasar aquí", le dije a mi marido.

"¿Por qué?", me preguntó, sonriendo con seguridad.

"¡No lo sé!", le dije nerviosa. "Siento que después de esta experiencia nunca seré la misma. Es como si se esperara que me convierta en material corporativo, en alguien que no soy auténticamente yo", confesé. Y luego, me pregunté, "¿Tengo realmente lo que se necesita para triunfar?"

Hoy día no puedo evitar sonreír ante este recuerdo, y puedo ver el profundo miedo al cambio que creó esos pensamientos irracionales en mí. Me sentía fuera de lugar y me faltaba confianza en mí misma al punto que mi modo de defensa y autoprotección estaba activado al máximo. Había visitado los Estados Unidos solo una vez y durante unas breves vacaciones, así que esa era mi primera experiencia en la que estaba rodeada de una multitud internacional de gente inteligente en un país que no era el mío y donde viviría por unos años. Sentí simplemente que no estaba a la altura y que no pertenecía a ese lugar.

"¡Bienvenida clase de 2004! Tenemos estudiantes de todo el mundo: Canadá, los Países Bajos, Brasil...", continuó el Vicedecano.

La clase era tan internacional que me hizo sentir un poco más tranquila. "¡Bueno, al menos muchos más estarán tratando de descifrar todo esto como lo estoy haciendo yo!" pensé.

Durante mi infancia y adolescencia en Argentina, mi percepción de los Estados Unidos había estado muy influenciada por la escuela y los medios de comunicación. A través de los libros de texto, las noticias o los relatos de quienes habían viajado al extranjero, aprendí que se trataba de un país muy organizado, tecnológicamente avanzado, con edificios grandiosos y un enorme poder económico, además de ser un creador de videojuegos, películas y música de reconocimiento mundial.

Por el contrario, en el mundo en el que crecí había pobreza, dificultades, largas colas para absolutamente todo, desde el pago de la factura de la electricidad hasta la compra de alimentos en tiempos de hiperinflación. Existían, además, funcionarios gubernamentales corruptos que ni siquiera intentaban ocultar su condición de VIP y su mal uso del poder. En comparación, mi país de origen parecía estar atrasado. Los Estados Unidos se convirtieron en algo hipnótico, en un símbolo de progreso y perfección.

Así que aquí estaba, en la tierra del progreso y las oportunidades caminando por espacios desconocidos. Me sentí pequeña.

El Vicedecano prosiguió: "Su clase tiene el honor de acoger a estudiantes con increíbles experiencias laborales en empresas líderes mundiales, como Johnson & Johnson en Japón, Deloitte en Brasil y Procter & Gamble en Argentina".

Cuando escuché que mencionó Procter & Gamble Argentina, me sobresalté. ¡Esa era yo! Ese había sido mi último lugar de trabajo antes de venir a los Estados Unidos, y no me esperaba en absoluto que me mencionaran. De alguna manera me sentí un poco más reconocida y apreciada. Me sentí bienvenida y un poco menos fuera de lugar. Tal vez no era tan inadecuada para esta nueva experiencia como yo creía. Tal vez, después de todo, pertenecía a este lugar.

UNA MENTALIDAD COLONIAL DA LUGAR A UN SENTIMIENTO DE INFERIORIDAD

Lo que refleja mi historia y la de innumerables personas que han pasado por algo similar es: quienes inmigramos o descendemos de culturas colonizadas tendemos a sentir que no estamos a la altura cuando nos comparamos con la mayoría blanca no hispana, especialmente si somos latinas de primera y segunda generación.

Como lo expresó Isabel Allende en el prólogo del libro *Las venas abiertas de América Latina* de Eduardo Galeano: "No había islas seguras en nuestra región, todos compartimos quinientos años de explotación y colonización, estábamos atados por un destino común, pertenecíamos a la misma raza de oprimidos".

No importa de qué país de América Latina procedas, ni cuál sea tu color de piel o tu nivel socioeconómico: si eres inmigrante o hija de inmigrantes nacida en los Estados Unidos, lo más probable es que lleves, en cierta medida, la influencia de la mentalidad colonial en tu forma de pensar y ver el mundo, seas consciente de ello o no.

La inferioridad colonial no respeta el color de piel. Como latina inmigrante, blanca y con acceso a educación formal, muchas veces se me ha confundido por una mujer blanca "americana" nacida en los Estados Unidos. Sin embargo, mis sentimientos de inferioridad y de no estar a la altura de otros eran reales, a pesar de tener una apariencia física que me otorgaba privilegios.

En los últimos años y al ser más consciente de cómo me siento, aún cuando mi aspecto físico me otorga cierto acceso a espacios de privilegio, no he dejado de pensar sobre lo difícil que debe ser para mis hermanas afrolatinas que se enfrentan a tantas barreras adicionales por los prejuicios y discriminación sistémica.

Hay una versión particular de la inferioridad que puede ser bastante devastadora: la servidumbre, o el sentimiento de que les debemos algo a "ellos" (a los que tienen el poder desde nuestra percepción). Esto se llama "deuda colonial", según un documento de la Universidad Western Michigan. En el pasado, esta deuda consistía en dinero real o su equivalente enviado desde las tierras colonizadas a las tierras de los colonizadores. Hoy día, se refiere a una moneda emocional enterrada en nuestro subconsciente.

Esta servidumbre emocional puede llevarnos a un agradecimiento extremo, hasta el punto de que algunas de nosotras funcionamos inconscientemente como si tuviéramos que estar agradecidas por haber recibido oportunidades (que nos hemos ganado con nuestro duro trabajo), o porque nos hayan "permitido" vivir aquí, aunque seamos ciudadanas legales o hayamos nacido en los Estados Unidos.

UNA MENTALIDAD COLONIAL DA LUGAR AL AISLAMIENTO

Según la experiencia de Amira, ex ejecutiva latina de una importante empresa de servicios financieros y ahora consultora independiente, a las latinas nacidas en comunidades altamente hispanas y a las inmigrantes latinas les cuesta integrarse a la cultura general, y se rebelan contra el sistema cerrándose ante él casi por completo. Es una mentalidad de: "Me siento más segura rodeada de los míos", que se traduce en no aprender bien el inglés o no salir de nuestras comunidades.

He observado una versión más sutil de esto en algunas microempresas hispanas. Éstas tienden a dedicarle más tiempo a la creación de vínculos con otras empresas hispanas, cuando las oportunidades de crecimiento se encuentran en la venta de sus bienes y servicios al mercado no hispano, el cual es más bastante más amplio.

Este aislamiento tiende a ser más intenso entre las latinas nacidas en los Estados Unidos que han sido criadas en comunidades predominantemente hispanas. Como crecieron rodeadas de personas que se parecían a ellas, entrar en espacios nuevos y diferentes lejos de sus comunidades puede ser demasiado intimidante. El aislamiento puede también ser frecuente entre las latinas inmigrantes que experimentan un choque cultural y lingüístico, como me ocurrió a mí, y que por lo general te lleva a rodearte mayormente de otros hispanos.

Durante mis primeros años en los Estados Unidos, me rodeé mayormente de hispanohablantes porque integrarme en la cultura general me resultaba muy intimidante. Tenía todo tipo de juicios hacia mí misma por mi manera de hablar inglés, incluso después de haber tomado clases de idioma por más de una década en mi país.

Por esta razón, decidí afrontar el cambio de vivir en un país desconocido lo mejor que pude y me rodeé de otros hispanos. Fue entonces cuando me di cuenta de que algunos hispanos nacidos en los Estados Unidos no hablaban el español. Me pregunté: "¿Cómo es que sus padres no les enseñaron?" Con el tiempo comprendí perfectamente cómo el idioma puede perderse en una generación, ya que mi hija, por ejemplo, prefiere comunicarse conmigo en inglés y no en español como a mí me gustaría.

Ahora puedo ver cómo durante ese tiempo, me aislé y juzgué a los que eran diferentes a mí por miedo a lo desconocido. En la búsqueda de sentir protección y comodidad, me privé de la experiencia de conocer más de cerca a personas increíbles.

UNA MENTALIDAD COLONIAL DA LUGAR A LA VICTIMIZACIÓN

Cuando entramos en nuevos espacios donde solo unas pocas personas se parecen a nosotras, las narrativas limitantes almacenadas en nuestro subconsciente se activan y emergen a la superficie. Muchas veces, estas narrativas aparecen como una voz interior que nos arrastra a un espacio de negatividad donde podemos sentirnos víctimas de nuestras circunstancias.

"Nadie me ofrece oportunidades".

"Me discriminan".

"No tengo los contactos que ellos tienen y nadie quiere ayudarme".

"No tengo voz aquí. Nadie parece escucharme ni preocuparse por lo que tengo que decir".

Todas estas voces, que reflejan narrativas de desempoderamiento y victimización, tienen algo en común: sentimos que los acontecimientos negativos nos suceden "justo a nosotras" y que están fuera de nuestro control. En realidad, esas voces se tratan de un mecanismo de defensa: para nuestra mente, es más seguro pensar que lo que nos ocurre es culpa del otro, porque eso nos hace inocentes. Cuando sentimos que no hemos tenido nada que ver con la creación de una situación determinada, creemos que no tenemos que hacer nada para solucionarla.

En pocas palabras, sentimos que la vida nos sucede y que está fuera de nuestro control. Este sentimiento es bastante incapacitante, ya que conduce al desempoderamiento y la inacción. Esto lo descifraremos y desmitificaremos pronto.

NUESTROS HIJOS TERMINAN HEREDANDO NUESTROS PATRONES DE INFERIORIDAD, AISLAMIENTO Y VICTIMIZACIÓN.

Hace algún tiempo me puse en contacto con Cynthia Trejo, la fundadora de la organización *Her Element Network*, una plataforma que brinda apoyo a latinas propietarias de negocios. Cynthia es una mujer líder orientada a apoyar a su comunidad y dueña de su propio emprendimiento. Durante nuestra conversación, tuve el honor de conocer un poco más acerca de su increíble historia de superación personal.

Tan pronto nos conectamos, nuestra conversación se volvió personal como si nos conociéramos hace años. Cuando le pregunté: "¿De dónde es tu familia?", Cynthia me contó que no podía rastrear cuando habían llegado sus antepasados a los Estados Unidos, ya que ya estaban aquí cuando ese país se apoderó del territorio que hoy conforma Texas y California. Ella nació en este país, y lo mismo ocurrió con sus padres y abuelos.

A pesar de haber nacido en los Estados Unidos de América y ser hija de latinos nacidos aquí, me confesó que solía sentirse incómoda con personas blancas no hispanas.

"Creo que he estado imitando lo que veía en mi madre. Ella era muy directa y segura de sí frente a nuestros latinos, pero se hacía pequeña, casi invisible, con los anglosajones", me dijo Cynthia.

Que Cynthia haya seguido los pasos de su madre es absolutamente posible. Nuestras percepciones y creencias culturales limitantes se transmiten de generación en generación.

De acuerdo al Dr. Gary Weaver (2014), "cultura" es simplemente la forma de vida de un grupo de personas, forma que se transmite de una generación a otra a través del aprendizaje. La cultura no se hereda, sino que se aprende de forma inconsciente durante nuestros años de formación por simplemente crecer en una familia determinada. La mayoría de nosotros tiende a criar a nuestros hijos con la misma visión cultural que nuestros abuelos transmitieron a nuestros padres.

Esto significa que la manera en que vemos el mundo ha sido influenciada por nuestros padres y abuelos, quienes a su vez fueron influenciados por sus padres y abuelos, y así sucesivamente. En consecuencia, si tuviéramos que adivinar la antigüedad de la información en nuestro inconsciente, ¿cuán atrás en el tiempo deberíamos ir?, ¿un par de cientos de años?

Así es como considero que los sucesos de colonización ocurridos hace siglos aún repercuten en nuestra mentalidad: nuestros antepasados, que se sintieron oprimidos, impotentes e inferiores al compararse con otro grupo más poderoso, nos lo han transmitido. Y nosotras lo hemos absorbido como esponjas durante nuestro crecimiento.

Es interesante ver como esta situación se presenta también entre algunos de los nacidos en América Latina con ancestros europeos, como es mi caso. Nuestra sociedad no concedió el mismo estatus a los nacidos en Europa y los nacidos en América Latina de raíces europeas, ya que estos últimos han generalmente sido considerados como inferiores.

Entonces, si una mentalidad colonial es transmitida de generación en generación, ¿por dónde empezamos a romper la cadena de inferioridad, aislamiento y victimización? Hacia allí vamos.

RECONOCE QUE NO EXISTE UNA CULTURA PERFECTA

Todas las culturas tienen elementos humanos e inhumanos, y ninguna cultura es mejor que otra, simplemente son diferentes. El Dr. Gary Weaver utiliza la analogía de un iceberg para ilustrar los diferentes componentes de una cultura. En la punta del iceberg se encuentran los comportamientos que caracterizan a una cultura determinada, como son los hábitos, el lenguaje, las comidas y la vestimenta, entre otros. A mayor profundidad, se encuentran los valores y los patrones de pensamiento que guían esos comportamientos. Cuando dos culturas (representadas por dos icebergs) chocan, ese conflicto se produce a un nivel más profundo, muy por debajo del nivel habitual de conciencia.

Cuando esto ocurre, nos damos cuenta de que la gente proveniente de otra cultura no piensa como nosotros. Entonces nos preguntamos: "¿Por qué hacen y dicen lo que hacen?". Nos cuesta entenderlo. Pero como señala el Doctor Weaver, lo más importante es hacerse la pregunta: "¿Por qué estoy reaccionando como lo hago?"

La mejor manera de aprender más sobre ti mismo es enfrentarte ineludiblemente a alguien de una cultura diferente. No solo te vuelves más consciente de las diferencias culturales que puedan existir, sino que además, en el proceso, puedes entender aún mejor tu propia cultura.

Lo que podría parecer una fractura irreparable entre dos culturas, es en realidad una colisión de valores y patrones de pensamiento. A medida que aceptemos y comprendamos mejor los valores y los comportamientos de los demás, chocaremos con menor frecuencia y podremos comenzar a superar nuestras diferencias.

ENTIENDE QUE TODOS FUIMOS PROGRAMADOS AL CRECER
Hace poco me enviaron una charla TEDx de Paula Stone Williams, titulada 'He vivido como hombre y como mujer: esto es lo que he aprendido' *(I've lived as a man & a woman: here's what I learned)*, que arroja una luz sobre cómo nos programan nuestras culturas y experiencias. Fue revelador cuando esta mujer transgénero dijo: "En mi vida pasada como hombre me resultaba muy difícil entender lo que atravesaban las mujeres, porque todo lo que sabía era ser un hombre blanco". Le resultó chocante vivir nuevas experiencias como mujer, sobre todo el maltrato de algunas personas, porque había sido programada para ser tratada como un hombre.

¿Podemos entender que existe la posibilidad de que un hombre o una mujer blanca no hispana no entienda del todo lo que viven los latinos y otras personas de color, porque no han pasado por las mismas experiencias de vida?

¿Podemos entender que de la misma manera que nuestra cultura programó a las mujeres latinas desde que éramos jóvenes, todo el mundo fue también programado?

¿Podemos ser más compasivos con todos nosotros y empezar a encontrar un aliado en los demás, en lugar de ver a un enemigo?

"Cuando cambies la forma de mirar las cosas,
las cosas que miras cambiarán".

—WAYNE DYER.

ACEPTA EL HECHO DE QUE ESTAMOS ATRAVESANDO UNA FUSIÓN DE CULTURAS Y MENTALIDADES

Creo que estamos siendo testigos de una fusión de la cultura de la mente, que ha creado el progreso económico y el avance tecnológico, con la cultura del corazón, que quizá esté más presente en nuestros países latinoamericanos.

La cultura de la mente es efectiva en el desarrollo de las nuevas tecnologías y la creación de progreso, mientras que la energía del corazón está relacionada con el afecto, con la colaboración o mentalidad de grupo, y con el cuidado de los demás.

A medida que las energías de la cultura del corazón se integren aún más con las habilidades técnicas y el poder de creación de la cultura de la mente, no habrá limites en lo que podemos lograr como raza humana. En este sentido, se podría decir que en estos momentos estamos experimentando los dolores de parto de una nueva humanidad, y que los latinos somos quienes estamos integrando ambas culturas de una forma más intensa que otros grupos.

ACEPTA QUE ERES RESPONSABLE DE TODO LO QUE OCURRE EN TU VIDA

"La felicidad no es algo que simplemente te sucede. Es una decisión".

—MARGARITA ALANIZ, TERAPEUTA FAMILIAR

Una forma de superar la mentalidad de víctima que ha mantenido a las latinas atrapadas en la impotencia y la desesperanza es aceptar la responsabilidad total y absoluta que tenemos en crear nuestras vidas.

Somos creadoras muy poderosas. De la misma manera que tienes el poder de crear felicidad en tu vida, tienes el poder de crear miseria. Cuando asumes la plena responsabilidad de tu vida, comprendes que puedes influir en todo lo que te ocurre o que, como mínimo, puedes decidir cómo te sentirás y reaccionarás ante los acontecimientos.

Cuando asumimos la plena responsabilidad, comprendemos que lo que se presenta en nuestras vidas, por muy traumático que pueda ser, es un peldaño para nuestro crecimiento personal. Podemos salir fortalecidas.

Mientras reflexionas acerca del poder de tomar responsabilidad, quizá un micro paso sea identificar una situación difícil que estés experimentando y preguntarte cual es la lección que la misma te está dejando: ¿Qué te pide tu sabiduría interior que aprendas de esa situación? ¿Qué puedes hacer de forma diferente la próxima vez?

Para darte un ejemplo, puedo ver cómo mis experiencias incómodas estando recién llegada a los Estados Unidos me brindaron con el tiempo la oportunidad de asumir toda mi responsabilidad sobre los acontecimientos. A través de esas experiencias me permití redescubrir mi identidad y recordarme mis dones y talentos olvidados, recuperando la confianza en mí misma. Pude elegir entre seguir dejando que esos acontecimientos me intimidaran, o tomar esos momentos incómodos como oportunidades para mirar hacia dentro y continuar con mi crecimiento.

* * *

Hasta aquí hemos analizado el impacto de la colonización y cómo éste ha moldeado nuestras culturas y mentalidades. Veamos ahora el impacto que tiene la inmigración a Estados Unidos en la formación de nuestras creencias e identidades. Hay un trauma innegable antes, durante y después del proceso de inmigración, y la comunidad latina ha guardado bastante silencio al respecto.

Demos voz a esas historias hasta ahora no contadas de algunas mujeres latinas que aceptaron que ha llegado el momento de hablar sin sentir vergüenza ni culpa.

CAPÍTULO 4

LAS HISTORIAS NO CONTADAS DE QUIENES LLEGARON COMO INMIGRANTES

———

¿Cuándo fue la última vez que te sentaste con un inmigrante y mostraste interés por escuchar o conocer su experiencia migratoria?

En mi camino como escritora, me encontré con varias mujeres latinas ávidas por compartir sus historias. A medida que abrían sus corazones y traían a la luz un pasado que habían guardado a buen recaudo hasta entonces, nos sumergimos en espacios crudamente reales, casi despiadados, donde no había ya secretos. Fue una gran sorpresa para mi descubrir que algunas mujeres a las que había conocido por varios años tenían historias traumáticas que yo desconocía por completo.

Estas mujeres son hoy en día líderes en nuestra comunidad, exitosas dueñas de empresas o ejecutivas corporativas, y muchas de ellas son madres criando hijos nacidos en los Estados Unidos. Todas estas mujeres llevaban historias no contadas, a la espera de que alguien les preguntara desde el corazón: "¿Por qué decidiste dejar atrás tu país y tus seres queridos?"

Cuando les ofrecí un espacio seguro para que se produjeran estas conversaciones íntimas, las respuestas fluyeron sin obstáculos, cargadas de emociones y mostrando heridas no sanadas que aún duelen.

Algunas de ellas tenían un nivel socioeconómico estable en su país de origen y vinieron en busca de un sueño, como es mi caso. Pero al pisar suelo estadounidense experimentaron obstáculos y un enorme choque cultural. Otras sufrieron enormes traumas en sus países de origen y vinieron a buscar seguridad alimentaria, financiera y física, solo para encontrar más traumas durante y después del proceso migratorio.

Me centraré en este último grupo, ya que generalmente se les estigmatiza como inmigrantes que vienen a "tomar" y no a "dar".

El primer ejemplo del que hablaré es la historia real de una mujer a la que llamo Sandra. La narraré exactamente como ella me la contó. Hoy día, Sandra es empresaria y madre de tres hijos nacidos en los Estados Unidos, pero cuando tenía veintiún años, cruzó el desierto de Sonora con trece hombres desconocidos. Imagínatelo: una mujer joven con trece hombres que nunca había visto antes.

Nacida en un pequeño pueblo de México, Sandra vivía con dos hermanos mayores que padecían epilepsia. La familia había sido abandonada por su padre cuando Sandra tenía apenas ocho años. Para ayudarles a mantenerse, Sandra empezó a vender limones en la calle, cerca del mercado de pescado de Puebla. Cada día, su madre le daba una cuota de veinte bolsas para vender y la recompensaba con cinco pesos mexicanos si lograba venderlas todas.

A través de los años, fue testigo de cómo los inspectores de salud les confiscaban la mercancía a los vendedores ambulantes, que eran personas muy pobres que habían recorrido largas distancias para traer los productos de sus huertos. Sin compasión les quitaban todo lo que tenían, ignorando sus pedidos de clemencia. Otros días, los "líderes" de la calle exigían el pago a los vendedores y pisoteaban sus productos si no podían pagarles. Aprendió desde muy joven que las calles eran despiadadas.

"Cuando mi padre nos abandonó, se llevó el único vehículo que teníamos. A los pocos meses también perdimos nuestra casa. Nos quedamos en la calle con nuestra madre", cuenta Sandra con visibles signos de dolor emocional.

Con el tiempo, esos acontecimientos traumáticos encendieron en ella los deseos y la determinación de embarcarse en la búsqueda de un futuro mejor. Terminó sus estudios de secundaria mientras vendía productos en la calle, y soñaba con ir a la universidad como lo habían hecho algunos de sus compañeros del colegio. Aunque las palabras de su madre "un hombre te mantendrá" resonaban en sus oídos, decidió ir tras sus sueños.

Sin mucha orientación, intentó estudiar medicina, pero fracasó. Entonces, se dedicó a estudiar telecomunicaciones en la Universidad Tecnológica de Puebla. No le importaba la carrera que siguiera, solo quería romper la cadena.

"Las cosas se pusieron muy difíciles, ya que tenía que trabajar para mantener a mi familia mientras estudiaba", explicó. Entonces su vida personal se fue por un barranco cuando empezó a tener una relación con un hombre, solo para descubrir varios meses después que estaba casado.

El peso de sus luchas financieras y emocionales se hizo inaguantable, y a los veintiún años decidió venir a los Estados Unidos en busca de una vida mejor. Necesitaba desesperadamente ganar más dinero para mantener a su familia. Esto ocurrió en 2005.

"Un amigo que vivía en los Estados Unidos me organizó todo. Volé a Sonora con todas mis pertenencias en una pequeña mochila morada de las 'Chicas Súperpoderosas'. Me informaron que en el aeropuerto se me acercaría un hombre con una chaqueta azul y un sombrero rojo. Me dijeron también que me metiera en su minivan blanca para un viaje de cuatro horas hasta la primera parada, que estaba justo a las afueras del desierto de Sonora. No tenía ni idea de lo que me iba a encontrar", me contó.

En su primera parada se vio obligada a dormir en una choza sobre pedazos de cartón esparcidos por el suelo. Lo único que llevaba puesto era una camiseta, así que en muy poco tiempo sintió el abrazo helado de la noche en el desierto. Al entrar en la choza, vio unas mantas mugrientas en un rincón y no dudó en cubrirse con ellas para darse calor. No tenía otra opción.

Había dos hombres esperando dentro de la choza cuando ella llegó, y al poco tiempo llegaron más hombres hasta que hubo en total doce hombres, un guía masculino... y ella.

Un escalofrío le recorrió el cuerpo cuando supo que estaría sola con trece hombres. Pensando rápidamente, decidió hacerse valer y ganarse su respeto en el grupo para evitar ser violada o algo peor. Como ninguno de los hombres llevaba comida, recogió algo de dinero y pidió al guía ("coyote") que la acompañara a una tienda cercana para comprar huevos. Luego caminó por las afueras del desierto hasta encontrar una cacerola abandonada y con una rama seca hizo huevos para los doce hombres y para el coyote.

"¿Eres un capitán militar o qué?", bromeó el coyote. Su capacidad de liderazgo y su rapidez de pensamiento parecían estar funcionando para mantener a los hombres contentos y alejados.

Al anochecer, les obligaron a subir a una furgoneta sin cinturones de seguridad. Se sentaron en dos bancos de madera, uno de cada lado. Tras unas cuantas horas de viaje, el conductor de una furgoneta similar que se había averiado en la carretera los detuvo pidiendo ayuda. Más personas se subieron y apretujaron en el vehículo donde Sandra se desplazaba. Se sintió aliviada cuando se les unió una madre hondureña con su bebé de dos años. Este segundo grupo había intentado cruzar el desierto tres veces, sin éxito. La mujer y su bebé estaban hambrientos, sucios y delgados a niveles casi alarmantes.

"Pon este dinero en tu vagina", le exigió uno de los hombres. "Hay cholos (ladrones) en la zona y tu tarea es mantener ese dinero a salvo", le dijeron mientras bajaban de la furgoneta. Ella se negó y se arriesgó a decir que no para proteger su dignidad.

Se dio cuenta de que estaba en grave peligro, pero era demasiado tarde para volver atrás. Empezaron a caminar en la oscuridad. Sandra se protegió del frío cortante con la manta sucia que había encontrado en la choza, y encima se colocó una bolsa grande de basura para mantenerse lo más caliente posible.

Mientras caminaban, el coyote quemaba droga en una tapa de un envase de Vick VapoRub, y los demás hombres bebían cerveza. Ella rezaba por su seguridad al tiempo que se angustiaba y preocupaba en silencio. En algún momento, el coyote dijo, arrastrando las palabras por los efectos de las drogas y el alcohol: "Es la única damita que viene con nosotros, así que tenemos que cuidarla bien". Sandra volvió a sentir el escalofrío en todo su cuerpo. De repente, entro en pánico cuando unos hombres se acercaron a ella. Le quitaron la bolsa con latas de comida que había traído, su bolsa de naranjas y su mochila. Lo que realmente intentaron hacer fue aliviarle la carga del viaje, pero Sandra temía por su seguridad con cada paso que daba.

"¡Dios, por favor protégeme!", oraba en silencio una y otra vez, hora tras hora. Se le ocurrió colocarse justo detrás del guía, tratando de mantenerse lo más alejada posible del grupo de los doce hombres.

Alrededor de las dos de la madrugada en esa noche sin luna, se oyeron perros y un motor.

"¡Agáchense! ¡AHORA! ¡La migra! ¡La migra!", gritó el coyote, refiriéndose a la patrulla fronteriza, mientras empujaba a algunos de los caminantes hacia la arena, Sandra incluída, "¡Y no levanten la cabeza!"

Todo lo que Sandra podía oír era su corazón latiendo fuerte y rápido, mientras un miedo muy profundo la invadía. "¡Por favor, Dios. Por favor, Dios. Por favor, Dios, no me dejes morir aquí! ¡No dejes que la migra nos atrape!", pensaba en medio de su desesperación.

Cuando los perros y los motores se desvanecieron en la distancia, comenzaron a correr. Corrieron durante dos horas y descansaron otras dos. Sandra estaba empapada de sudor, a pesar del frío gélido. Sus pies se llenaron de ampollas. Durante el descanso se quitó las botas y decidió dejarlas atrás para ponerse sus zapatillas de lona. ¡Gran error! Unos cuantos kilómetros más adelante, sus pies sangraban mientras todo tipo de plantas espinosas se incrustaban en sus zapatillas.

Exhausta, deshidratada y adolorida, empezó a rezagarse. Pensaba que no lo conseguiría. "¡Por favor, Dios, dame fuerzas!", repetía una y otra vez. A esas alturas de la caminata, sus compañeros llevaban todas sus pertenencias.

"Estamos aquí", dijo el coyote, después de horas que parecían no terminar nunca. Había perdido la noción del tiempo y tenía los pies entumecidos. Al escuchar las palabras del coyote, lloró de alivio mientras se dejaba caer de rodillas. Estaban en territorio estadounidense. Al levantar la vista, vio a un pequeño ciervo que caminaba cerca y los observaba con atención. Tomó la presencia del ciervo como una señal divina. Después de todo, supo en su corazón que todo iba a estar bien.

El grupo subió corriendo una colina, y Sandra divisó una carretera desierta que se extendía en el horizonte. Como su transporte aún no había llegado, los dividieron en grupos y les ordenaron sentarse a la sombra de unos árboles. Allí permanecieron todo el día siguiente, esperando. Las pertenencias de Sandra estaban con algunos hombres de otro grupo, así que no tenía agua ni comida. Soportó el largo y caluroso día lo mejor que pudo.

Por la noche, vio llegar desde la distancia un camión viejo que se desplazaba lentamente por el camino de tierra. Es entonces que el coyote les ordenó que corrieran hacia él tan rápido como pudieran. El que no llegara al camión en dos minutos se quedaría atrás. Y ahí se desató un infierno. Todos corrieron tan rápido como sus cuerpos entumecidos les permitieron, y al subirse al vehículo cayeron exhaustos en el piso. En condiciones ya casi imposibles de soportar, fueron conducidos a Arizona. Los hicieron bajar en una propiedad en ruinas donde se encontraron con al menos otras treinta personas que también habían cruzado el desierto recientemente.

Así fue como Sandra conoció a Erica, una joven mexicana y la tercera mujer que encontró en su viaje. Erica lloraba incontroladamente, en total shock. Su grupo había sido atacado por los ladrones durante la noche, y su marido había recibido un disparo en la cabeza, delante de sus ojos, cuando quiso protegerla de una violación. Sandra quedó devastada por este encuentro, hasta el punto de que quince años después aún conserva esas imágenes muy vívidas en su mente.

Finalmente, Sandra fue conducida a Nueva Jersey donde se reunió con su amigo, el mismo que había insistido en que viniera, solo para darse cuenta de que lo que él quería era casarse con ella. Ahora sí que estaba sola. Como no hablaba ni una palabra de inglés, consiguió un trabajo mal pagado en un restaurante mexicano en el que trabajaba doce horas al día. Utilizó su primer sueldo para pagar sus clases de inglés, porque sabía que la educación sería su salvación. Unos años después obtuvo su título universitario, se casó y abrió su propio negocio.

Las experiencias traumáticas que Sandra experimentó de niña fueron amplificadas por los acontecimientos que vivió cuando decidió escapar de la pobreza a través del desierto, arriesgando su vida al saltar a lo desconocido en una búsqueda desesperada de una vida mejor.

Es difícil imaginar la profundidad del trauma que existe en la vida de una persona para que ella decida enfrentar el peligro y una posible muerte en el desierto de Sonora. Un artículo en la revista *Rolling Stone* estima que cerca de nueve mil personas han muerto tratando de cruzar el desierto de Sonora desde la década de 1990, aunque es muy probable que la cifra sea mucho mayor ya que solo se logra recuperar una parte de los cuerpos debido al vasto territorio que ocupa el desierto.

La inmigración de latinos indocumentados es un tema controversial que desata la ira, el odio y el miedo, incluso entre los latinos. A través de mi investigación y mis entrevistas, me sorprendió descubrir que algunos latinos que habían cruzado la frontera ilegalmente hace tres o cuatro décadas, expresan una profunda ira y resentimiento hacia los que intentan cruzarla de la misma manera hoy día.

Ya sea que esta historia desencadene en ti emociones de tristeza, compasión o enojo, es bueno reconocer que Sandra no es la única. Un informe del Centro de Estudios Migratorios indica que en el 2017 había diez millones de indocumentados en los Estados Unidos, en su mayoría procedentes de América Latina y países asiáticos, número que ha disminuido en la última década. Quiero presentarte un dato sorprendente: a pesar de todo lo que oímos en los medios de comunicación, los cruces ilegales desde México son superados con creces por quienes entran con visa legal desde múltiples países. Desde el 2010, el sesenta y dos por ciento de los indocumentados entraron a los Estados Unidos con un visado de turista y se quedaron.

Pasado algún tiempo, Sandra logró completar los trámites necesarios para legalizar su estatus migratorio y abrió su propio negocio. Nunca se había sentido lo suficientemente segura como para compartir su historia, hasta hoy.

EL PODER DE TRANSFORMAR TU PASADO Y TUS EXPERIENCIAS TRAUMÁTICAS EN OPORTUNIDADES AL SERVICIO DE LOS MÁS DESFAVORECIDOS

En Perú, la familia de Clara vivía en la pobreza. Tenía quince años cuando su padre falleció, y un año después, su madre sufrió un derrame cerebral. En aquel tiempo fueron desalojados de su casa y se quedaron sin hogar de la noche a la mañana.

Su padre tenía tres hijas en los Estados Unidos, quienes se enteraron de su situación e hicieron gestiones para traerla.

"Era noviembre de 1990. Mi madre me dio un pasaporte y un billete de avión para los Estados Unidos, diciéndome que mis hermanastras querían que las visitara", Clara recuerda.

Cuando abrió el pasaporte, se dió cuenta de que el mismo tenía el nombre de otra persona. Estaba obligada a abandonar el país en veinticuatro horas, así que sin entender lo que realmente ocurría, hizo lo que le dijeron. "Era una niña", me dijo Clara.

Algunos días después, ya en los Estados Unidos y en casa de su hermana, un hombre tocó el timbre y recogió el pasaporte con el que había entrado. Ahora no tenía nombre ni identidad.

"¿Cuándo regreso con mamá? Tengo que volver a la escuela", le preguntó un día a su hermana, que estaba casada y tenía hijos pequeños.

"No vas a volver", le dijo su hermana con firmeza. "Esta es tu nueva vida".

No había sitio a donde ir. Clara aceptó un trabajo vendiendo pretzels en la calle mientras iba a la secundaria. Empezó nuevamente desde el primer año ya que no hablaba inglés, sin embargo, completó la escuela secundaria en dos años y alcanzó a estar en la lista de honor del colegio, por lo que le ofrecieron dos becas completas para la universidad.

Clara era lo que hoy llamaríamos una "DACA" (Acción Diferida para los Llegados en la Infancia), aunque ese programa no se había introducido en ese tiempo. Dada su condición de indocumentada, no pudo aprovechar las dos becas universitarias completas que había recibido y, para su desdicha, tuvo que abandonar por completo su sueño de seguir estudiando.

El Foro Nacional de Inmigración indica que casi 800.000 jóvenes inmigrantes indocumentados que llegaron a los Estados Unidos como menores de edad son beneficiarios de DACA. Este programa les protege temporalmente de ser deportados y les proporciona una autorización de trabajo legal que puede ser renovada por otros dos años.

Recibir ayuda del programa DACA no era posible para Clara, ya que no existía en ese momento. Sin embargo, su aventura estaba lejos de terminar.

Clara trabajó en fábricas, panaderías y otros espacios similares, hasta que una amiga dejó su trabajo como asistente de oficina en una empresa especializada en reposesiones de bienes raíces, y Clara aprovechó la oportunidad para solicitar el puesto. Resultó contratada.

Unos años más tarde mientras trabajaba, introdujo por curiosidad la dirección de su hermana en el sistema y descubrió que la familia estaba a punto de perder su casa. Su cuñado llevaba dos años en bancarrota y tenía quince tarjetas de crédito con saldo impago, y para agregar a la gravedad de la situación, la casa sería subastada en apenas treinta días. Su hermana no tenía ni idea de lo que estaba pasando.

"Todavía tenía el trauma de haber perdido mi propia casa cuando era adolescente. No podía permitir que eso también le ocurriera a mi hermana", recuerda Clara. "Pasé de ser una asistente en el espacio de reposesiones de propiedades, a una experta en treinta días", me explicó. Clara, en aquel entonces con veinticinco años, era madre de un bebé de cuatro meses. "¡Fue una locura!", me dijo.

Como no contaba con un presupuesto, armo su equipo de trabajo pidiendo ayuda a conocidos y desconocidos. Se puso en contacto con un abogado, un agente inmobiliario y un agente hipotecario, y les hizo millones de preguntas. Era tal su preocupación y ansiedad que no podía dormir y perdió 9 kilos en menos de un mes. Al acercarse el plazo de treinta días, sufrió un ataque de pánico y fue ingresada al hospital, desde donde realizó múltiples llamadas telefónicas solicitando una prórroga.

Los recuerdos de la pérdida de su propia casa la perseguían angustiosamente día y noche, y no iba a permitir que la historia se repitiera. Y no lo permitió. Consiguió recuperar la casa de su hermana.

Su jefe vio lo que había sucedido en apenas un mes y la envió de nuevo a la escuela para obtener sus licencias y certificaciones.

"No llegué a los espacios por donde me moví solo por casualidad. Tenía una misión", dice Clara con convicción.

A lo largo de su carrera, Clara ha ayudado a cientos de latinos y otras familias desfavorecidas en la recuperación de sus hogares. Aprendió a convertir sus propios traumas y experiencias difíciles en oportunidades para ayudar a muchas personas de nuestra comunidad.

Ante las dificultades, Clara eligió ir un paso adelante: cambió la lástima por sí misma y la victimización, por la decisión de utilizar su energía para romper las cadenas, por ella misma y por su hijo. Clara logró en su hijo su propio sueño truncado de ir a la universidad: acumulando impecables calificaciones, oportunidades donde demostró su liderazgo y cantidad de horas de servicio comunitario, su hijo fue admitido en Harvard, UPenn, Princeton y Cornell con becas completas.

* * *

Estas entrevistas fueron muy emotivas, al punto de que en muchas de ellas, mis entrevistadas lloraban al hablar y yo lloraba al escucharlas.

Dejar atrás a tus seres queridos te causa una herida profunda. Recuerdo el día en que mi marido y yo dejamos Argentina con un pasaje que era solo de ida. Ese es uno de mis recuerdos más tristes, ¡y eso que tuvimos el privilegio de venir en búsqueda de un título superior y no huyendo del trauma y la pobreza!

Aquel día en que dejaba atrás a mi madre, mi padre, mis hermanos y mis amigos, contuve mis emociones mientras los abrazaba, para luego derrumbarme al pasar el control de seguridad. Lloré durante todo el trayecto hasta los Estados

Unidos y durante las dos semanas que siguieron a nuestra llegada. Ese día se me rompió el corazón. Es difícil imaginar la profundidad del dolor que soportan los que además emigran en condiciones de penuria.

Detrás de la mayoría de los inmigrantes hay una historia de trauma que pide ser escuchada para poder ser sanada.

El viaje de sanación es único para cada persona. Sandra y Clara superaron su trauma a través de la terapia, el perdón, el amor a sí mismas y otras claves que trataremos más adelante en este libro.

Muchos otros todavía luchan por sanar. Aproximadamente un tercio de los adolescentes y de los padres nacidos en el extranjero experimentan traumas durante la inmigración. Entre ellos, el nueve por ciento (9%) de los adolescentes y el veintiuno por ciento (21%) de los que son padres enfrentan el riesgo de sufrir un trastorno de estrés postraumático (TEPT). En un sistema sanitario que ya tiene problemas, muchas de estas familias han quedado fuera de la asistencia en materia de salud mental (Perreira).

Tal vez haya llegado el momento en nuestra historia en el que estemos dispuestos a ver qué lleva a una persona a dejarlo todo y arriesgar su vida para emigrar. Como observadores de estos eventos, nos hace falta un enorme valor para dejar de lado nuestros prejuicios y para abrir nuestros corazones con compasión hacia quienes huyen de la opresión, el hambre, la pobreza, la violencia de la guerrilla y la explotación infantil. Tal vez ha llegado el momento en nuestra historia de conectar con la esencia que todos compartimos y que nos hace... humanos.

En el próximo capítulo exploraremos cómo las experiencias traumáticas de quienes emigraron, como Sandra y Clara, pueden impactar a sus hijos, perpetuando en las nuevas generaciones las heridas no sanadas.

CAPÍTULO 5

CÓMO TRANSMITIMOS EL TRAUMA A LAS GENERACIONES MÁS JÓVENES

———

"Cuando no nos permitimos reconocer el dolor –el dolor profundo y agonizante del alma que resulta del trauma histórico– no somos capaces de reconocer que todos llevamos una cuota de ese dolor dentro de nosotros".

—SHERRI MITCHELL

El grado de impacto del trauma en nuestra comunidad latina es extenso. Aunque el trauma es casi universal y puede manifestarse de diferentes maneras, en la comunidad latina nos encontramos con una realidad ineludible: las necesidades de salud emocional, física y mental de muchos inmigrantes y de sus hijos han sido (y siguen siendo) específicamente ignoradas.

Si tus padres emigraron a los Estados Unidos, lo que compartiré a continuación puede cambiar tu perspectiva sobre cómo las luchas de tus antepasados pueden afectar tu éxito profesional, tus relaciones e incluso tu salud. Si eres inmigrante como yo, espero que lo que sigue te aporte una nueva visión de la importancia de sanar tu trauma para liberarte a ti misma y para liberar a tus hijos de su impacto.

En el 2019 asistí a un evento virtual para latinos empleados en corporaciones, donde compartí mis ideas de forma bastante activa en el chat. Así es como una joven latina llamada Krys vio mis participaciones en el evento y me contactó unas semanas después para que nos conectásemos. Programamos una llamada de Zoom para conocernos y a partir de ese día, nos hicimos muy cercanas y comenzamos a apoyarnos mutuamente.

Krys es una joven líder de la Generación Z que es muy respetada en los espacios donde participa, hija de inmigrantes ecuatorianos, y empleada por una importante empresa biofarmacéutica. En una de nuestras reuniones virtuales, mientras hablábamos sobre nuestras carreras profesionales y de la vida en general, Krys me hizo escuchar un video de TikTok que le había encantado:

"Si eres como yo y creciste con padres inmigrantes, es muy probable que tus padres tuvieran que afrontar traumas, especialmente por haber tomado la decisión de abandonar su país para huir de la opresión o la pobreza. Algunos de ellos llegaron aquí ilegalmente, otros arriesgaron sus vidas, y la mayoría pasó por un proceso de reinvención y quizá de aprendizaje de un nuevo idioma".

Krys asentía para asegurarse de que yo prestara atención a lo que seguía.

"Todas esas experiencias son traumáticas para muchos inmigrantes. Existe la posibilidad de que tus padres no hayan recibido atención especializada para su salud mental, tan necesaria en estos casos y, que en consecuencia, te hayan criado en un ambiente de trauma. Si ese es el caso de tus papás, entonces tú puedes tener a la vez algún trauma derivado de los traumas no sanados de tus padres".

El video que me mostró describía con precisión la realidad de muchos hijos de inmigrantes.

Muchos de estos niños han sido testigos de la angustia y la desesperación desde una temprana edad, ya que el sistema del nuevo país no estaba totalmente preparado para acoger a sus padres. Algunos de ellos sufrieron pobreza, inseguridad alimentaria y violencia doméstica. Con el tiempo, algunos incluso se han casado con parejas abusivas o se han involucrado en relaciones tóxicas. Además, sus vecinos, sus amigos y sus parientes también lucharon con los mismos problemas, así que, a los ojos de estos niños de eso se trataba la vida.

A lo largo de este capítulo, entrelazaré algunas de las muchas historias de mujeres latinas que vivieron estas experiencias mientras crecían.

Empecemos por Sara, quien es una mujer a la que admiro profundamente. Sara es la directora ejecutiva de una conocida organización que apoya a las comunidades necesitadas, proporcionando financiamiento a docenas de organizaciones sin ánimo de lucro. Sara, hija de madre ecuatoriana y padre dominicano, creció en Newark, Nueva Jersey rodeada de pobreza y sin acceso a una atención sanitaria y una educación adecuada. La falta de acceso era sistémica y generalizada.

"Creo que casi todo el mundo en mi comunidad ha pasado por algún tipo de trauma durante su crecimiento. El problema es que no lo reconocemos del todo, y eso crea una barrera importante ya que estas experiencias traumáticas moldean a la persona en la que te conviertes", dijo Sara.

"Ver la violencia doméstica que ocurría en mi casa influyó inmensamente en mí", dijo Sara, abriendo su corazón para compartir su historia por primera vez en su vida.

Y añadió: "De adulta, pensé que estaba bien que un hombre me gritara y me hiciera sentir menos. Pensaba que la adicción a la bebida era lo normal". Su tono de voz se volvió serio. "La violencia doméstica estaba presente en mi casa mientras crecía, así que pensé que era normal en muchos sentidos. Y cuando décadas después acepté que estaba mal, me sentí impotente", compartió Sara.

Sara repitió en sus relaciones algunos de los patrones que había observado en su casa al crecer. Se casó y mantuvo una relación tóxica que acabaría en divorcio. Más tarde desarrolló otra relación con una pareja que la maltrataba mental y físicamente. Cuando se dio cuenta de que su patrón de vida en pareja se repetía nuevamente, y aceptó que no era normal ser tratada con violencia por un hombre, tomó la decisión de salir de esa toxicidad.

"El divorcio no era muy común en nuestra cultura. Estaba mal visto, y yo me sentía culpable por ello", me dijo al compartir recuerdos tan dolorosos. Sara se había casado por la Iglesia Católica. "Muchas latinas son educadas en la creencia de que las mujeres deben permanecer junto a sus hombres pase lo que pase, pues Dios los unió", me dijo. Sara siguió adelante con su divorcio y se convirtió en madre soltera de su único hijo.

La historia de Sara es un ejemplo de cómo el trauma puede perpetuarse de generación en generación. Nuestros antepasados sufrieron traumas en su país de origen para luego encontrar más traumas en los Estados Unidos. Muchas hijas de inmigrantes latinos se criaron en hogares donde convivían con los efectos del trauma de sus padres, para posteriormente asociarse o casarse con hombres que aportaron su propio trauma no sanado a la ecuación. Esto hace que el trauma se perpetúe en el tiempo, y continue siendo transmitido a las nuevas generaciones.

El ciclo termina cuando una persona decide romper la cadena y sana sus heridas, superando nuestro estigma colectivo y cultural hacia cuidar nuestra salud mental.

* * *

"Si no transformamos nuestro dolor, con toda seguridad lo transmitiremos".

—RICHARD ROHR

En mi camino como escritora conocí a una mujer a la que llamaré Marina, que ejemplifica cómo los problemas de salud mental pueden quedarse sin diagnosticar durante años. Marina es directora de un conocido centro médico-educativo que apoya incansablemente la labor de múltiples organizaciones sin ánimo de lucro que ayudan a los más necesitados. Es madre de dos hijos, y tras el nacimiento de su primer hijo desarrolló una depresión posparto de la que no fue consciente hasta tres años después.

"En aquel momento no sabía por qué lloraba tanto. Me aterraba la idea de dejar caer a mi bebé al suelo y lastimarlo, por lo que solo podía cargarlo estando sentada", cuenta Marina.

Sufría de ataques de ansiedad y le gritaba a su hijo a todo pulmón, incluso en público.

"Un día en el supermercado, mi hijo tocaba todos los estantes. Empecé a gritar sin control alguno, y una mujer que también estaba haciendo su compra, se acercó a mí y muy calmadamente me pidió que por favor no le gritara a mi hijo, ya que era un bebé", cuando Marina compartió esta historia conmigo, rompió a llorar. "Me encantaría volver el tiempo atrás y actuar de otra manera".

Con el apoyo de un terapeuta, descubrió que el dolor no sanado y las experiencias traumáticas que había vivido durante su infancia en su hogar, habían impulsado ese comportamiento. Había criado a sus hijos desde un punto de vista traumático, y había repetido los patrones con los que creció. La terapia le ayudó a sanar y descubrir formas más asertivas de comunicación con sus hijos.

LOS TRAUMAS NO SOLO CAUSAN DOLOR EMOCIONAL, SINO QUE TAMBIÉN PUEDEN DESENCADENAR CIERTAS ENFERMEDADES

La primera vez que oí hablar de Epigenética fue a través de Krys, quien había emprendido el camino de comprender cómo el trauma vivido en su niñez podría potencialmente haber desencadenado la aparición de una enfermedad autoinmune.

La epigenética es un área de investigación científica fascinante y emergente. Estudia la relación entre el medio ambiente y la persona, es decir, investiga cómo las influencias ambientales y las experiencias humanas, en nuestro caso de los niños, afectan la expresión de los genes. Un informe de investigación sobre "Epigenética y Desarrollo Infantil" de Harvard, indica que durante el desarrollo, el ADN que compone nuestros genes acumula marcas químicas que determinan cómo se expresa cada gen. La expresión de los genes determina nuestros rasgos: nuestro rendimiento académico, nuestra personalidad y las enfermedades que manifestamos, por mencionar algunos.

Es por eso que dos gemelos idénticos pueden tener resultados diferentes en el desarrollo de sus profesiones y en sus relaciones, de la misma forma en que pueden experimentar problemas distintos de salud. Los acontecimientos que cada uno vive los va marcando de forma diferente.

¿Será posible que los traumas alteren la expresión de nuestros genes, pudiendo desencadenar enfermedades? La Dra. Melissa Baralt confirmó esta posibilidad.

La Dra. Melissa Baralt, a quien admiro y aprecio como una hermana, es una mujer latina nacida en los Estados Unidos de padres dominicanos. Auténtica, inteligente, con un gran corazón y un compromiso muy fuerte con nuestra comunidad, posee un doctorado en Biología Molecular y es profesora en varias universidades.

La Doctora Baralt confirmó que: "Los estudios han continuamente demostrado que varios factores claves, como el ambiente intrauterino, la dieta y el entorno durante el desarrollo, pueden dar lugar a modificaciones epigenéticas", y agregó que " como resultado, se sabe que los individuos que pasaron por un trauma tienen más probabilidades de sufrir TEPT, ansiedad, trastorno bipolar, comportamiento disruptivo, comportamiento de riesgo y trastornos alimentarios".

La Doctora Baralt también señaló que existe una correlación entre los traumas y las enfermedades cardiovasculares, los trastornos autoinmunes, la sintomatología gastrointestinal, la patología bucodental, la obesidad y la diabetes tipo dos.

Lidiando con su enfermedad autoinmune, Krys se pregunta cuán diferente sería su situación de salud si hubiera tenido otras experiencias durante su crecimiento. Quizá el cambio epigenético no se hubiera producido, por lo que su enfermedad no se hubiera manifestado.

Lo fascinante es que nuestro ADN es moldeado tanto por las experiencias positivas como por las negativas. Del informe de Harvard se desprende que existen maneras de revertir ciertos cambios negativos, lo cual permitiría restaurar la salud a través de relaciones cercanas positivas, el manejo del estrés y el cuidado de una misma en sus diversas maneras. Así que, si has pasado por algún trauma que haya desencadenado una enfermedad o desarrollado comportamientos de riesgo, hay una salida. Si tienes hijos pequeños, considera la posibilidad de alimentar un entorno hogareño estable y saludable, ya que ello es clave para desarrollar cerebros fuertes desde el inicio de la vida.

UN PRIMER PASO PARA SANAR EL TRAUMA: RECONOCER QUE ESTÁ EN TI

Reconocer que hemos sufrido trauma y que todavía está presente en nuestro cuerpo y nuestras emociones es un paso extremadamente importante para empezar nuestro camino de sanación.

ESTÁ BIEN NO ESTAR BIEN.

Sara pasó de negar su realidad y pasado, diciendo "Esa no soy yo. Eso no me pasó a mí", a aceptar sus vivencias diciendo "La razón por la que no me quiero como debería hacerlo es…; la razón por la que no honro mi valor es…; la razón por la que me estoy frenando es… porque sufrí trauma".

Reconocer el trauma que la colonización y la inmigración infligieron sobre nuestros ancestros y sobre nosotras, es un paso necesario para que las latinas podamos sanar y alcanzar nuestro pleno potencial.

Pretender desarrollar relaciones personales y carreras profesionales satisfactorias mientras arrastramos un trauma abierto es como tratar de volar encadenadas a una esfera de metal. No llegaremos muy lejos, y puede que en algún momento caigamos en picada atrapadas por el peso del trauma.

Tal vez lo más difícil en el camino de sanación de Sara fue que amaba tanto a sus padres que le resultaba difícil mirar atrás y ver cómo sus batallas habían afectado su vida. Cuando aceptó su historia y reconoció que sus padres habían hecho por ella lo mejor que pudieron con lo que sabían, una profunda sensación de paz la invadió.

"Nunca había sido plenamente consciente de lo difícil que fue para mis padres adaptarse a este país, hasta que respiré profundo y me animé a mirar nuestra vida en casa mientras crecía. Mirar sus traumas y los míos, con valentía y compasión, me permitió verlos a ellos de una manera totalmente diferente", compartió Sara.

"Todos los días mi padre tomaba el autobús a las cinco de la mañana para ir a trabajar, para asegurarse de que tuviéramos comida en la mesa", dijo Sara, recordando los sacrificios de su padre para cuidar de su familia. "Y cuando tenía un poco de dinero extra, nos compraba la caja de cereales que nos encantaba", recuerda Sara.

A medida que se adentraba en algunos de sus recuerdos dolorosos, surgieron muchos otros momentos entrañables que le recordaron lo profundamente amada y adorada que había sido.

UN SEGUNDO PASO HACIA LA SANACIÓN: EL PERDÓN

Durante el proceso de escritura de este libro, tuve la oportunidad de interactuar con la Doctora Edith Eger, una respetada psicóloga de noventa y dos años. A los dieciséis años, la Dra. Eger estuvo prisionera en Auschwitz, el famoso campo de concentración nazi, donde perdió dos figuras familiares muy importantes: su querida madre y su hermana, y donde también experimentó un trauma inimaginable.

Recordando su experiencia, la Dra. Eger dijo que "el sufrimiento es universal, pero el victimismo es opcional".

Esta idea me conmovió profundamente. La Dra. Eger fue torturada más allá de lo imaginable, y su adorada madre y su hermana murieron de una forma horrible. Sin embargo, luego de ser rescatada por los soldados estadounidenses, no culpó a otros de su miseria. Por el contrario, dirigió la poca fuerza que le quedaba para soltar el resentimiento y poder enfocarse en su curación física y su sanación emocional.

Cuando nos proponemos crear para nosotros la vida que queremos vivir, se nos presenta la oportunidad de decidir hacia dónde dirigir nuestra energía vital, pudiéndola enfocar en la sanación personal en lugar de desperdiciarla en resentimientos contra aquellos que nos infligieron dolor.

El perdón trabaja a nuestro favor, y perdonar funciona para nuestro bien mayor.

Mi camino de sanación se centró en perdonar a quien más culpaba: a mí misma. Me di cuenta de que había guardado demasiados juicios y resentimientos contra mí misma, por mi acción o por mi inacción en muchos de los eventos que me habían marcado al crecer. Me resultó liberador retroceder en el tiempo, guiada por mi terapeuta, para revisar esos acontecimientos traumáticos del pasado y dejar ir mi vergüenza, mi culpa, mi miedo y mis juicios sobre mí.

Para muchas de las latinas que entrevisté, la búsqueda de ayuda profesional fue una lucha. La razón de esta puja interna interminable es nuestro estigma cultural en torno a consultar a un terapeuta o a cualquier profesional de la salud mental. "Eso es para locos", es la idea que escuchamos muchas veces. De hecho, un artículo de la Clínica Cleveland indica que apenas el diez por ciento de los latinos que sufren problemas de salud mental siguen algún tratamiento con profesionales del área. El 90% de la población restante lo sobrelleva por su cuenta, sin percatarse de que al buscar ayuda profesional podrían ahorrarse un dolor innecesario, tanto a sí mismos como a sus seres queridos.

UN TERCER PASO HACIA LA SANACIÓN: LA CONEXIÓN CON TU CUERPO

"Cuando comencé mi proceso de sanación, aprendí a sintonizarme con mi intuición. Cuando algo estaba en desequilibrio, lo sentía en mi cuerpo, y así aprendí a escuchar de dónde venía esa información".

—MARILÚ TAPIA, SANADORA ENERGÉTICA, COACH TRANSFORMACIONAL Y FUNDADORA DE *GOOD GROWTH*.

Nuestro cuerpo no solo acumula nuestros traumas. También posee la sabiduría para sanarnos.

Estar presentes y conectadas con nuestro cuerpo es clave para nuestro camino de sanación. Te comparto una de mis técnicas para estar presente y conectada que me ayuda a acceder a mi sabiduría interior y a soltar el dolor físico y emocional. Durante esta práctica, repito el sonido de la sílaba "HU" (que se pronuncia "jiu") y que significa "Dios/Espíritu". Repetir este sonido me produce un estado de paz y armonía en el que me siento más presente, segura y protegida.

Veamos cómo hacerlo:

Busca un espacio tranquilo y cómodo. Siéntate, cierra los ojos y coloca una mano en el corazón y la otra en tu área abdominal.

Inspira y siente cómo el aire desciende hacia tu abdomen expandiendo el diafragma.

Al exhalar y mientras sale el aire de tu cuerpo, empieza a emitir el sonido "HU", sintiendo y visualizando como el sonido sube desde el abdomen, recorre tu torso y sale hacia arriba por la coronilla.

Inspira una vez más, y repite el proceso durante dos o tres minutos. Con cada repetición, siente como la vibración del sonido que repites se expande por todo tu cuerpo.

Finalmente, abre los ojos lenta y suavemente, y estira tu cuerpo según lo desees o necesites. ¿Puedes percibir la diferencia? ¿Te sientes más presente y conectada contigo misma?

Hace un tiempo encontré un libro fascinante que describe un método similar. Escrito por Resmaa Menakem, quien es un autor y terapeuta afroamericano especializado en la sanación de los traumas raciales, *Las Manos de mi Abuela* le recuerda a los lectores de todas las razas que una forma de comenzar o continuar el camino de sanación de los traumas es volver nuestra mirada a nuestros cuerpos. Para ello, el libro de Menakem describe una técnica que su abuela practicaba: "Mi abuela era una mujer fuerte y cariñosa. Pero su cuerpo estaba frecuentemente tenso. Ella tenía a menudo la sensación de que algo terrible estaba a punto de suceder. Era una sensación antigua y heredada que rara vez la abandonaba".

Esta referencia de Menakem a una sensación antigua y heredada trajo a mi memoria lo que muchas mujeres latinas a las que entrevisté describen como su propia experiencia.

Menakem prosigue: "Mi abuela calmaba esa sensación de desastre inminente de diversas maneras. Por ejemplo, cuando estaba en la cocina, tarareaba melodías enteras. Sus tarareos nunca eran suaves e íntimos, sino fuertes y firmes, como si lo hiciese para un público. Cuando era niño, si yo conocía la canción que ella tarareaba, a veces tarareaba con ella y mi cuerpo experimentaba seguridad y tranquilidad".

Con esto en mente, te propongo que consideres la posibilidad de incorporar una técnica similar en tu vida, repitiendo un mantra, ya sea en silencio o en voz alta, para empezar el día o en cualquier momento en que sientas un desequilibrio en tus emociones. Toma nota de los cambios que observes al cabo de unas semanas. Te sorprenderá lo que una técnica tan sencilla pero poderosa puede hacer por tu bienestar.

* * *

El trauma es universal y está presente en diferentes grados en distintas personas. A medida que avanzas en tu camino de sanación y si tu corazón te invita a ello, puede que busques el tiempo y el espacio para dar prioridad a tus necesidades.

Estoy convencida de que no fuimos creadas para el sufrimiento, sino para el logro y la prosperidad. Es nuestra responsabilidad hacer lo que sea necesario para apoyar nuestra sanación y para florecer plenamente en nuestras vidas.

Nadie puede decirte con certeza cuánto tiempo tardarás en sanar tus heridas internas, pero a mí personalmente, el viaje me resultó iluminador y puedo decir que valió totalmente la pena. Cuanto más me centraba en mi sanación, más cosas afloraban para ser liberadas, y con el tiempo, la intensidad del dolor emocional se fue haciendo significativamente menor.

A medida que nos adentramos en la aventura de sanar, veremos ciertos rasgos de la mentalidad colonial que todavía pueden estar presentes en nuestras vidas, entre ellos: el no sentirnos dignas, el pensar que no somos lo suficientemente buenas y el miedo a expresarnos, entre muchos otros. Es probable que al menos uno de estos rasgos te haya impedido convertirte plenamente en el ser poderoso para el cual fuiste creada.

A continuación, identificaremos estas mentalidades y comportamientos, llamándolos por su nombre para poder sanarlos.

PARTE II

DESAPRENDIENDO Y SANANDO NUESTRA MENTALIDAD COLONIAL

CAPÍTULO 6

DECODIFICANDO NUESTRO SENTIDO DE DESMERECIMIENTO

———

Venir a los Estados Unidos fue un renacimiento en muchos sentidos. Fue como si mi vida completa hubiese empezado de nuevo.

Como mencioné antes, yo tenía una historia exitosa en Argentina. Fui lo que se diría una niña modelo: alguien que proveniente de un pueblo rural, donde no había demasiados recursos, logró a través de la educación y la dedicación navegar por espacios de élite muy difíciles de acceder. Cuando pisé suelo estadounidense, ya tenía en mi currículum dos títulos universitarios con honores y nueve años de experiencia laboral bilingüe en dos corporaciones globales de gran renombre.

Sin embargo, una vez en suelo norteamericano, tuve que empezar de cero como si nada de eso hubiera ocurrido.

Mi experiencia laboral prácticamente desapareció en el momento en que pisé esta tierra, aún cuando estaba más calificada que la mayoría de mis pares. Me toco trabajar muy duro para demostrar mi capacidad y para ganar mi espacio, a la vez que no me sentía completamente "en casa".

A medida que pasaba el tiempo, comencé a preguntarme:

"¿Por qué trabajo tanto y gano tan poco dinero?"

"¿Por qué me empujo constantemente más allá del agotamiento?"

"¿No debería estar "simplemente agradecida" porque se me dió esta oportunidad?"

¿Qué es lo que estaba pasando en realidad? ¿Era el "sistema" que no reconocía mi valor y me hacía trabajar tanto? ¿O podría ser yo la responsable y la creadora de mi realidad? ¿No sería que yo misma me sentía desmerecedora de pedir el sueldo que merecía, o de relajarme y disfrutar de mi trabajo? La respuesta a esta última pregunta fue un rotundo Sí. Me encontraba caminando sobre suelo estadounidense bajo la influencia de una mentalidad colonial.

SENTIRNOS DESMERECEDORAS DE GRANDEZAS: UNA ENFERMEDAD INVISIBLE

Para muchas de nosotras, el desmerecimiento es un invasor omnipresente e invisible, enterrado en la profundidad de nuestra mente. Muchas veces se nos presenta como una voz interior muy sutil que nos susurra que el éxito profesional, las grandes sumas de dinero y las relaciones exitosas no son para nosotras o requieren de enormes sacrificios y de trabajo extremadamente arduo.

Cuando volcamos nuestra mirada hacia nuestra vida, ese desmerecimiento pueda que no sea tan obvio, pero sí es muy fácil de encontrarlo si miramos sus resultados: dudas acerca de nuestra propia capacidad, trabajo en exceso más allá de lo necesario y culpa por tener éxito, todo ello impregnado por esa influencia cultural de que no somos merecedoras de una vida extraordinaria.

Darnos menos valor del que tenemos es sistémico, generalizado y tiene un gran alcance. Proviene del mensaje que nuestras culturas colonizadas recibieron siglo tras siglo: las latinas no importamos. O al menos eso nos hemos creído.

En el monólogo titulado "Historia Latina para Imbéciles" de John Leguizamo (*Latin History for Morons*, en inglés), presentado en Broadway y Netflix, el actor hace un recorrido entretenido y bastante gráfico por la dolorosa y secreta historia de la colonización.

Leguizamo narra cómo los conquistadores europeos destruyeron los magníficos imperios y las avanzadas culturas que poblaban las Américas antes de su llegada. Diezmaron la lengua, la religión, la cultura y el arte originario, y cuando los pies europeos pisaron el ancestral suelo sagrado, cargado de abundancia y riquezas que encendieron una codicia sin precedentes, los habitantes originarios de estas tierras fueron relegados y etiquetados como salvajes sin alma.

Durante siglos, esta eliminación de nuestras ricas culturas y la desaparición de civilizaciones enteras de la faz de la tierra ha sido algo de lo que no se ha hablado. Es como si nada de ello hubiese ocurrido. Pero como esos hechos sí ocurrieron y sí fueron reales, su negación ha creado una profunda y oscura brecha de desmerecimiento e infravaloración en los corazones de los descendientes de esas civilizaciones y tierras que sienten que su historia no importa.

Aprendimos a pasar la página y mantenernos callados. Se nos enseñó culturalmente que hablar de estos temas controvertidos no es seguro porque la gente puede molestarse o sentirse incómoda. Además, se nos dice que estos acontecimientos tuvieron lugar hace mucho tiempo, y que han quedado enterrados para siempre.

Ante estas razones, yo sostengo que la colonización sigue presente en nuestras vidas mientras sigamos cargando sus efectos en nuestra mentalidad, pues sin que nos demos cuenta, todo ellos nos impide desarrollar nuestra grandeza.

A medida que nos reconectamos con lo que sentimos sobre nuestro pasado colectivo y rompemos las cadenas del silencio, somos invitadas a convertirnos en creadoras responsables y a mirar estos eventos del pasado y su impacto en nuestra vida presente con compasión y no con ira. Así, aprenderemos a observarlos con un espíritu de perdón y no con resentimiento, manteniendo firme la intención de avanzar juntos y no divididos, quizá por primera vez en la historia de la humanidad.

Después de más de 500 años estamos ante la oportunidad de reclamar y reconectar con nuestro valor personal, una vez que descifremos cómo es específicamente que el desmerecimiento se manifiesta en nuestras vidas.

PORQUE SIENTO QUE NO MEREZCO, SOBRECOMPENSO

Mónica, a quien conocimos en la Introducción de este libro, me contó que por décadas había trabajado duro para obtener la aprobación de otros.

"Durante mi niñez me dijeron o me señalaron muchas veces que no tendría éxito en la vida. Así que tomé la decisión de demostrar que estaban equivocados. Trabajé tanto y en ambientes tan tóxicos, que me enfermé física y emocionalmente".

Una de las formas en que se manifiesta el sentimiento de desmerecimiento es trabajando demasiado "para demostrarle a la gente que si puedo". Este patrón está presente en cientos de mujeres latinas con las que he trabajado.

La situación empeora cuando recibimos un ascenso, nos asignan un nuevo proyecto, conseguimos un contrato con un cliente nuevo o nos hacemos más visibles en el sitio de trabajo. Empezamos a sobrecompensar, es decir, a hacer por demás de lo que se espera de nosotras. Comenzamos a trabajar más fuerte de lo necesario para equilibrar nuestra creencia de que tal vez no merecemos esas oportunidades. Queremos demostrar que "ellos" tomaron la decisión correcta al seleccionarnos para el trabajo.

Mónica le atribuye este patrón a influencias durante su crianza: "Mi madre y mi padre son inmigrantes, y lucharon por establecerse y darnos la mejor vida posible. Ambos creían que debían demostrar su valor ante la persona que estaba sentada en *"el trono"*, refiriéndose a cómo sus padres colocaban en un pedestal a los hombres y mujeres blancos no latinos, en especial, a los que tenían títulos universitarios.

El padre de Mónica tenía una carrera exitosa en su país, y cuando llegó a los Estados Unidos escapando de la dictadura, fue como si su experiencia de trabajo no importara.

Los padres de Mónica se sentían inferiores, y ese sentimiento de inferioridad se lo transmitieron a su hija. Al ir a la universidad y lograr una carrera empresarial exitosa, Mónica se sintió bastante fuera de lugar y desmerecedora de las oportunidades que estaba creando para sí misma.

La tendencia a trabajar muy duro está entrelazada en nuestro tejido cultural. Un informe emitido por el Centro de Investigación *Pew Research* en el 2012 muestra que los hispanos creen que el trabajo duro da buenos resultados, aún más de lo que lo cree el público en general. Las tres cuartas partes (75%) de los hispanos entrevistados responden que la mayoría de la gente puede salir adelante si está dispuesta a trabajar duro. En comparación, sólo el 58 por ciento del público en general dice que el trabajo duro puede conducir al éxito.

Necesitamos hacer nuestro trabajo para progresar y tener éxito. No existen atajos en este sentido, pero el problema empieza cuando sobrecompensamos.

Hace unos años, cuando dirigía programas educativos para emprendedores, ayudé a una mujer latina llamada Claudia a organizar su negocio para poder acceder a nuevos mercados. Claudia es una empresaria dueña de su propio negocio, que se reinventó muchas veces para seguir su pasión y sus sueños. Antes de lanzar *Books Made Easy Now* (Libros A Tu Alcance), Claudia trabajó por largo tiempo en corporaciones, y compartió conmigo cómo en su carrera había sentido muchas veces que tenía que estar sobrepreparada para ser tomada en serio.

"Aceptaba tareas extras para demostrar que era inteligente y que podía cumplir con mi trabajo. Siempre estaba estresada y sobrecargada de trabajo, y todo aquello, me lo creé yo misma", me dijo.

Claudia estaba atrapada en una rueda para hámsteres pedaleando constantemente para demostrar cuanto valía. Cuando decidió abandonar su carrera empresarial su patrón de conducta no desapareció, por el contrario, la siguió hasta su nuevo negocio. Siempre aceptaba proyectos adicionales y buscaba superar las expectativas en todo momento. Cuando las cosas no salían como lo había planificado, era increíblemente dura consigo misma.

Como propietaria de un negocio me siento identificada con Claudia. Cada nuevo cliente se convierte en una oportunidad de trabajar hasta el agotamiento para demostrar que eres merecedora de ese proyecto y del dinero que te pagan. Este patrón de conducta se repite cada vez que consigues un nuevo cliente, lo que potencialmente te puede llevar al agotamiento.

Si también te sientes identificada y eres consciente de que has estado sobrecompensando, un paso importante para superar este patrón de conducta es tomarte un tiempo para reflexionar antes de decir que "sí". Detente antes de aceptar otro proyecto, y tómate un tiempo para reflexionar. Pregúntate: "¿Cuál es mi motivación para hacer esto? ¿Quiero esto porque es para mi bien, o estoy buscando reconocimiento?"

Este fue uno de los patrones de conducta más difíciles de cambiar para mí. Todavía hoy necesito recordarme que puedo y merezco elegir dónde enfocar mi energía y mi tiempo. Para apoyar mi camino de desaprendizaje de este patrón que he tenido tan arraigado, coloqué un cartel en la pared de mi oficina que dice: "No tengo que". Esto me ayuda a reprogramar mi mente de los "yo debería hacer tal cosa" y los "yo tengo que hacer esto otro" a "yo *elijo* hacerlo porque es bueno para mí".

PORQUE SIENTO QUE NO MEREZCO, LE ATRIBUYO MI ÉXITO A LA SUERTE

Además de trabajar duro, muchas de nosotras no terminamos de aceptar nuestras victorias y buscamos justificaciones para nuestros logros. Decimos que son producto de la suerte, o de que "estábamos en el lugar correcto y en el momento adecuado". Sin embargo, nada ocurre por casualidad. Creo que hay una intencionalidad presente en el universo, una causa y un efecto para todo lo que ocurre en nuestras vidas.

Cuando decimos *Gracias a Dios*, podemos olvidar nuestro papel en la cocreación de nuestra realidad. Es cierto que Dios puede ser tu socio, pero tú hiciste tu parte y está bien aceptarlo. Somos creadoras y protagonistas de nuestras vidas, aún cuando hayamos sido influenciadas por nuestra cultura a creer que el papel de la mujer es servir a los demás y permanecer detrás de escena en lugar de liderar e impulsar cambios. Por esta razón, podemos sentirnos bastante incómodas cuando alguien nota nuestro gran trabajo y lo reconoce públicamente.

Yai, fundadora de *The Latinista* y una voz líder en el campo de la diversidad racial, compartió conmigo su experiencia durante su vida corporativa. Me contó que después de una presentación excepcional frente a una concurrida audiencia, cuando los asistentes se acercaron a ella y le dijeron, "¡Has hecho un gran trabajo!", ella se sintió incómoda con el cumplido e intentó justificarse o disminuir sus logros.

Decía: "¡No! ¡Siento que estuve mal! Me olvidé de decir algunas cosas que quería decir" o "Siento que estaba muy nerviosa". Con el tiempo aprendió a darse mérito a sí misma y a aceptar los cumplidos sin avergonzarse, así que comenzó a decir "Gracias. Me alegro de que lo hayas encontrado esclarecedor. Fue un placer para mí que hayas venido".

"Cuantas más justificaciones de este tipo nos pongamos a nosotras mismas y a aquello que hemos logrado, más gente puede creer que no somos tan buenas en lo que hacemos, ¡porque somos nosotras mismas las que lo decimos!"

Trabajar por demás y disminuirte cuando los demás te reconocen puede ser una forma de autosabotaje. Hay una parte de ti que aporta la energía para hacer el trabajo, y cuando llega el reconocimiento, existe otra parte de ti que te despoja del disfrute de ese momento de victoria. Si esto ocurre una y otra vez, ¿durante cuánto tiempo esa parte que te aporta la energía para realizar ese gran trabajo estará dispuesta a seguir cooperando? Probablemente no por mucho tiempo.

En el camino de sanación de nuestro desmerecimiento, un gran paso para sentirnos creadoras de nuestros logros y para aumentar la autoestima y la confianza en nosotras mismas es celebrar nuestras victorias, por más pequeñas que sean. Después de cualquier logro y antes de continuar con lo que sigue, detente, respira profundo y agradécete por haberlo logrado. Si te parece bien, también puedes agradecerle a Dios por ser tu compañero de aventuras.

PORQUE SIENTO QUE NO MEREZCO, NO COBRO LO QUE VALGO

Esto es algo *muy* generalizado entre nosotras las mujeres latinas. Tenemos una concepción errónea del valor de mercado de nuestro trabajo, y por lo general, aceptamos menos dinero por nuestro tiempo y nuestras contribuciones.

He visto que esto sucede con frecuencia y yo misma lo hice hasta hace poco. Lo peligroso de aceptar ganar menos dinero es que mientras un mayor número de nosotras cobremos menos de lo que valemos, más fuerte será la percepción en el mercado sobre el menor valor profesional de las mujeres latinas: continuaremos aceptando hacer el trabajo por menos dinero, y ese ciclo se volverá más difícil de romper.

Como lo mencioné en el Capítulo 1, la CNBC informa que las empleadas latinas ganan aproximadamente la mitad del salario de un hombre blanco. Lo que resulta sorprendente es que esta diferencia se haya mantenido inalterable durante los últimos treinta años. Las mujeres latinas propietarias de negocios se enfrentan a una brecha aún mayor: los datos de la Oficina del Censo muestran que las latinas propietarias de negocios unipersonales (que aún no tienen empleados), facturan solo el 38% de lo que factura un hombre blanco de similar perfil.

Aquí es donde nos toca reflexionar una vez más si esta brecha es puramente sistémica o si la hemos perpetuado con nuestra resistencia a pedir el dinero que merecemos, por no habernos reconocido plenamente nuestro valor profesional.

No pedir lo que vales es una forma de renunciar a lo que ya es tuyo por el trabajo que haz hecho. Considera que el dinero está ahí, y si no lo reclamas, terminará en el bolsillo de otra persona.

Solemi Domínguez es una joven mexicana que se abrió camino en su organización gracias a su impecable ética de trabajo y su capacidad para generar confianza en los otros. Su trabajo en recursos humanos le permite relacionarse con frecuencia con diversos empleados donde ha sido testigo de que los latinos no reclaman el valor de su trabajo. "Los latinos trabajan muchísimo, y a la vez, sienten que tienen que estar agradecidos por el trabajo y no exigen lo que el mismo vale.

Soy testigo de cómo otras personas se esfuerzan la mitad y exigen más dinero y mejores puestos o ascensos".

Solemi también añadió: "Recuerdo aquella vez en que un hombre no hispano sin tantas credenciales pidió un salario de seis cifras, mientras que una mujer latina con todas las calificaciones requeridas y estudios de maestría pidió el mínimo".

Lamentablemente, las mujeres latinas dejan dinero sobre la mesa todo el tiempo. Otras personas se aseguran su estabilidad financiera, ahorran para su jubilación y construyen de a poco su fortuna, mientras nosotras nos quedamos rezagadas. Como lo resumió Solemi, "Nos colocamos a nosotras mismas *en precio de rebaja*".

Las emprendedoras no están exentas y se enfrentan a patrones similares.

Ramona Cedeño es una mujer latina nacida en la República Dominicana y propietaria de la empresa de contabilidad *FiBrick*. Con el tiempo aprendió a dejar de quitarle valor a su trabajo y empezó a cobrar el precio del mercado a sus clientes en lugar de calcular una tarifa por hora trabajada y luego reducirla al mínimo.

"Cobrar lo que vales está relacionado con la confianza", compartió Ramona. "Se trata de no tener miedo a perder un cliente potencial, creyendo que no tendrás otros que entren por tu puerta. Aprendí a centrarme en los resultados que entrego y en el valor que mis clientes obtienen de mi trabajo".

Entender tu valor y la diferencia que marca tu trabajo es primordial.

Cuando te propones sanar tu relación con el dinero, un primer paso para pedir lo que vales puede ser averiguar el valor de mercado del trabajo que haces. Si es necesario aumentar tu sueldo o tu precio de mercado, asegúrate de que llegas a esas negociaciones conociendo el valor real que tu trabajo aporta a la organización o al cliente. Analiza y estudia las diferentes formas de impacto, tangibles e intangibles, a las que tú contribuyes de manera específica en la organización con la que trabajas.

Cuando te sientes a negociar, recuérdate a ti misma: "Soy digna de ganar este dinero" y "Merezco este dinero por el valioso trabajo que realizo".

UN FRENO SECRETO A NUESTRO PROGRESO: SENTIRNOS CULPABLES DE NUESTRO ÉXITO

¿Por qué muchas latinas se sienten culpables cuando experimentan el éxito o cuando ganan grandes sumas de dinero?, o peor aún, ¿Por qué se quedan atascadas sin razón aparente tan pronto comienzan a experimentar la prosperidad?

Existe una poderosa creencia cultural limitante en relación con el dinero que puede impedirnos disfrutar, sin *sentirnos culpables,* de ganar grandes sumas: la creencia de que el dinero puede ser malo o puede terminar cambiando la persona que somos.

Nuestras culturas latinoamericanas han recibido una gran influencia de las tradiciones judeocristianas que vinculaban la pobreza con la salvación. Creo que al crecer, muchos latinos malinterpretamos este concepto al asociarlo con la pobreza material en contraposición a su verdadero significado de humildad del corazón. Me costó años descifrar que mi miedo a ganar dinero y mi incapacidad para disfrutarlo provenían de una creencia profundamente arraigada de que poseer grandes cantidades de dinero podrían convertirme en codiciosa o cambiar mi esencia.

Pero aún hay más.

Este sentimiento de culpa también puede aparecer cuando recibimos dinero de manera relativamente fácil, sin grandes sacrificios. Una vez más, quizá la religión puede haber influido en la aparición de esta creencia. ¿No se supone que debo *ganarme el pan con el sudor de mi frente*?

Crecí con la creencia peligrosa de que el éxito tenía que ser difícil. Así que cuando me empezó a ir bien y el dinero empezó a fluir en mi vida sin grandes sacrificios, tuve un choque interno al respecto. Me sentí no merecedora y culpable, empecé a trabajar más duro porque ganar dinero debía implicar sacrificios según lo que yo había aprendido, y en algún momento temí que algo realmente malo fuera a suceder porque todo parecía demasiado bueno para ser verdad.

¿No se supone que la vida es dura y difícil?

Solo es dura si crees que tiene que ser así.

Tuve que tropezar y dar tumbos por la vida para entender que fuimos creadas para ser felices, libres y plenas, y que es mediante la sanación de nuestra mentalidad y nuestros patrones de pensamiento que podemos aceptar la idea de que el dinero es bueno, de que está bien querer más y de que el dinero en manos de buenas personas puede ayudar a impulsar una nueva conciencia en los negocios y la sociedad.

El gran giro en el camino hacia la sanación de mi relación con el dinero, se dió observando y cambiando la forma en que me hablaba a mí misma sobre mi valor, el éxito y el dinero. A continuación, te presento algunas de las afirmaciones que me ayudaron a desmantelar mi sentimiento de culpa:

"Me perdono por sentirme culpable de ganar dinero".

"Me perdono por juzgarme como una traidora ante mi cultura cuando produzco dinero en grandes cantidades".

"Está bien querer más y merezco tener más".

"Soy merecedora de crear éxito, y puedo hacerlo mientras mantengo mi bienestar y mi equilibrio".

* * *

El camino para reclamar tu valor sólo puedes iniciarlo poniéndote en acción.

Hay una idea errónea de que la sanación es previa a la acción. En realidad, dar un micropaso hoy mismo es un ingrediente clave para empezar la sanación de tu falta de merecimiento y autovaloración. No hay sanación alguna a menos que haya una acción de tu parte.

No importa cuál sea tu micropaso, te invito a que no esperes a darlo. Como ejemplo, puede que te propongas cambiar tu diálogo interno a través de afirmaciones, o que digas "no" a proyectos que solo te proporcionan validación externa pero no crecimiento interno o que investigues cuánto vales en el mercado para empezar a cobrar tu valor. Se consistente con la acción, es decir, una vez que des un micropaso, continúa dando otros. Cuando los resultados comiencen a hacerse realidad, esto alimentará la confianza en ti misma y te dará una prueba de que estás en el camino correcto.

El desmerecimiento no viene solo. Tiene una prima muy cercana, igual de evasiva y omnipresente que se cuela en nuestras decisiones e influye en nuestras acciones: *la carencia*, es decir, la sensación de que quien eres no es suficiente. En el siguiente capítulo, nos dedicaremos a descifrarla.

CAPÍTULO 7

ABRAZANDO LA VOZ QUE TE DICE QUE NO ERES LO SUFICIENTEMENTE BUENA

—

"¿Qué tienes tú para contribuir?"

"Ellos saben más que tú."

"¿Qué te hace pensar que te escucharán?"

"¿Quién te crees que eres?"

En el 2004, cuando terminé mi maestría en negocios (MBA), comencé a trabajar en la empresa bancaria Citibank donde dirigí una iniciativa para ayudar a los inmigrantes hispanos a construir su crédito. Puse mi corazón y mi alma en ese proyecto. Quería destacarme en mi primer trabajo en los Estados Unidos, y también quería trabajar en algo que tuviese un propósito.

Durante mis primeros meses en el trabajo, se me arrojó básicamente a arreglármelas por mí misma sin mucha orientación. Más tarde me di cuenta de que sería lo mismo en muchos otros proyectos y empresas: se suponía que debía saber lo que estaba haciendo, incluso siendo nueva en el equipo y sin aún dominar la cultura americana.

Para las latinas que son la primera generación en ingresar a nuevos espacios, las expectativas de los demás de que arranquemos con buen pie y de manera inmediata, son reales y pueden ser muy intimidantes.

Cuando el proyecto para el cual yo trabajaba estaba a punto de ejecutarse, se necesitaron varias aprobaciones finales. Fui asignada a recoger la firma aprobatoria del Director Financiero. Mi jefa, una mujer blanca no hispana, se unió a mí y ambas nos sentamos frente a nuestro Director Financiero, un hombre afroamericano con el que nunca había hablado antes de ese día.

En mi inglés rudimentario y sudando a mares, expliqué en qué consistía la iniciativa, nuestros objetivos, los resultados esperados y el rendimiento de la inversión para Citi.

El Director Financiero permaneció en silencio mientras yo hablaba, y cuando terminé, preguntó: *"¿Tienes las cotizaciones de los tres proveedores?"*

¿De qué hablaba? Yo no tenía ni idea de que eso era parte de mi trabajo en mercadeo. Tenía la cotización del mismo proveedor que habíamos utilizado antes, pero eso era todo. Me quedé helada y las voces internas no tardaron en escucharse.

"¿Ves? Te dije que fracasarías. No estás hecha para triunfar en corporaciones", dijo una voz dentro de mi cabeza.

"¿Quién crees que eres para trabajar en este banco de Nueva York? No perteneces aquí", continuó la voz.

La voz se hizo tan fuerte dentro de mi cabeza que perdí la noción de mis pensamientos. No sabía qué decir y no podía pensar con claridad. Llevaba cuatro meses en el banco y ése era mi primer trabajo en un país extranjero.

Mi jefa intervino y no recuerdo lo que dijo, pero el proyecto no se aprobó ese día. Mis voces internas se hicieron más fuertes y más críticas al punto de que estallé. Recuerdo que tomé el metro para volver a casa mientras sollozaba por la frustración y la vergüenza, a medida que las voces aumentaban. Así fue como celebré mi cumpleaños, el primero trabajando en una corporación en los Estados Unidos. Ese día cumplí veintinueve años.

* * *

No importa cuántos títulos y cualificaciones podamos tener, o cuán extensa sea nuestra experiencia profesional. Es muy usual entre las inmigrantes latinas y las hijas de inmigrantes sentirse como impostoras y creer que somos menos capaces que otras personas para hacer el trabajo. Aunque este rasgo se manifiesta en las mujeres en general, me parece que afecta con más intensidad a quienes navegamos por espacios a los que nadie de nuestra familia ha tenido acceso antes, o en aquellos donde somos las únicas latinas.

Hay varias consecuencias naturales derivadas de este sentido de inferioridad y carencia: rezagamos nuestra carrera por no ir activamente tras oportunidades, disminuimos nuestra luz y talentos, y aumentamos las dudas sobre nuestra capacidad para liderar y marcar la diferencia.

A través de conversaciones con latinas de mediana edad de diversos ámbitos, escuché una y otra vez:

"Ojalá me hubiera arriesgado más en mi vida profesional y personal".

"Ojalá hubiera sido yo la que hubiese levantado la mano cuando apareció esa oportunidad".

"Ojalá hubiera confiado más en mí misma cuando era más joven, y hubiera tomado acciones en lugar de procrastinar. Hoy estaría en un lugar totalmente diferente".

Detrás de nuestros lamentos por las oportunidades no aprovechadas, se esconde el hecho de que cuando las oportunidades llegaron, nos sentíamos menos capaces o no tan preparadas como otros, por lo que no nos atrevimos a tomar acción. Nos convencimos de que era mejor dejar pasar la oportunidad y trabajar más duro para estar mejor preparadas para la próxima vez, si es que alguna vez hubiese una próxima vez.

Uno de los actos más valientes en los que puedes embarcarte es ir en busca de oportunidades sabiendo que no posees todas las respuestas y que no eres perfecta (¡nadie lo es!), pero confiando en que resolverás las cosas porque eres habilidosa, creativa y capaz.

La forma de salir de tu propia sensación de carencia, miedo e inseguridad es tomando acción, como ya lo mencioné en el Capítulo 6. Puedes seguir repitiendo en tu mente que eres lo suficientemente buena, pero a menos que tomes acciones específicas y concretas fuera de tu zona de confort, yendo en busca de mayores y mejores oportunidades, las cosas no cambiarán mucho.

"¡YO NO HABLO MUY BIEN EL INGLÉS!"

"Tengo acento" o *"No puedo hablar inglés muy bien"*, ha sido una respuesta bastante común a mi pregunta: "¿Por qué decidiste no tomar esa oportunidad?". Esta es una de las principales fuentes de sentirse inadecuada o carente entre muchas de las latinas inmigrantes recientes o incluso en las de larga data que aún no dominan el idioma.

Un estudio del Centro de Investigación *Pew Research* muestra que un tercio de los hispanos no domina el inglés. Hay 12,5 millones de hispanos que hablan inglés, pero califican su capacidad de expresión como por debajo de "muy bien". Otros 3,2 millones dicen que no hablan nada de inglés. Juntos, estos dos grupos de hispanos representan un tercio (32%) de todos los hispanos de cinco años de edad en adelante. Esto es significativo.

Le pregunté a Aixa, aquella mujer latina nacida en Puerto Rico que conocí en la Cámara de Comercio Hispana, qué era lo que más la frenaba luego de mudarse a Nueva Jersey a sus treinta años de edad. Quería llegar con ello al corazón de lo que ella temía por encima de todo. Me confesó que le *aterraba* hablar en inglés.

"En mi mente, creía que tenía que hablar inglés tan bien como hablaba el español y eso no era realista. Tomé clases nocturnas de inglés como segunda lengua (ESL) en una iglesia, y una vez que conseguí un trabajo, me inscribí en una clase de reducción de acento", me contó Aixa.

Sonreí. También me había inscrito en una clase de reducción de acento. Mi paciente instructora, de ochenta años, había intentado varias veces que ajustara la forma en que pronunciaba algunas vocales, sin mucha suerte. No estoy segura de haber aprendido mucho, pero si me lo pasé en grande con otros adultos inmigrantes que pronunciaban mal las palabras a diestra y siniestra, como yo.

Mi acento había sido un estigma desde que aterricé en los Estados Unidos. Todavía recuerdo lo paralizada que me quedaba en la escuela de posgrado cuando los profesores empezaban a llamar a los estudiantes al azar. Temía que me llamaran y deseaba poder esconderme en algún sitio para evitar que me pidieran que participara.

Cuanto más juzgaba mi pronunciación, más nerviosa me ponía, más tropezaba con mis palabras y menos me entendía la gente. Era una agotadora profecía autocumplida. También evitaba hablar con mis compañeros de clases no latinos porque me sentía inferior en mis habilidades lingüísticas y avergonzada por no poder comunicarme con fluidez.

"Mi profesora me dijo que mi principal barrera estaba en mi cabeza", continuó Aixa. "Me dijo que mis conocimientos del idioma eran buenos y que mi acento no era tan marcado como yo pensaba". Este fue un punto de inflexión para Aixa. Con ese refuerzo, decidió que a partir de ese momento no se sentiría menos que nadie. "Y descubrí gratamente que la gente te trata como te tratas a ti misma", dijo Aixa.

Ramona Cedeño tuvo una experiencia similar y encontró muy valioso invertir en su educación. Me conecté con Ramona después de ver sus vídeos en *LinkedIn*, y me encantó su confianza y cómo era dueña de su espacio, con acento y todo.

"Durante muchos años mi mayor lucha fue no hablar el idioma inglés como todos los nacidos en este país lo hablaban", dijo Ramona. Oriunda de la República Dominicana, había aprendido algo de inglés antes de mudarse a los Estados Unidos cuando tenía dieciocho años, pero seguía sintiéndose muy inhibida e incómoda.

Un día dijo "basta". En su último trabajo y antes de convertirse en empresaria, Ramona había tenido problemas con las palabras durante una presentación en inglés. Se sentía mortificada y avergonzada. "Me dije a mí misma que tenía que superarlo, así que fui a Toastmasters (una organización que ayuda en el desarrollo de habilidades de liderazgo y comunicación)", dijo. "Creo que invertir en mí misma fue la clave para superar mis dificultades para hablar inglés".

Al igual que en la historia de Aixa, la instructora blanca no hispana de Ramona elogió su hermoso acento. "Enorgullécete de él porque te hace ser quien eres", la instructora la animó. Y añadió: "No te empequeñezcas dudando de ti misma. Solo practica, practica, practica".

Hay dos lecciones que se pueden extraer de estas historias. En primer lugar, no basta con decirnos que aceptamos lo que somos y nos quedemos con eso. Es importante que invirtamos en nosotras mismas para seguir creciendo. La resistencia a invertir en nuestro crecimiento y nuestro desarrollo puede ser una señal de que nos sentimos poco merecedoras o no valiosas.

En segundo lugar, los aliados que nos apoyan, animan y aprecian quienes somos con nuestros acentos y todo, marcan una gran diferencia y aumentan nuestro sentido de pertenencia. Si tú eres un aliado o aliada, quiero que sepas que tus palabras son importantes y pueden cambiarnos la vida.

ACEPTA QUIEN ERES COMPLETA E INCONDICIONALMENTE

Nos sentimos carentes cuando creamos en nuestra mente una ilusión de perfección que es claramente imposible de alcanzar.

"La perfección es la enemiga del progreso", dijo sabiamente Aixa. "Cuando nos permitimos ser nosotras, con lo bueno y lo malo, nos volvemos reales", continuó. "Tu humanidad y vulnerabilidad están bien y te hacen más agradable. Cuando te permites ser humana, la gente se relaja, presta atención y baja la guardia".

Empecé a sentirme más segura en mi propia piel cuando dejé de tener expectativas poco realistas. Porque por mucho que hubiera alcanzado muchas metas, seguía sintiendo que algo me faltaba. Todo lo que lograba manifestar se sentía insuficiente. Nada llenaba mi copa porque estaba manifestando desde un lugar de carencia, buscando la aprobación y los elogios externos en el proceso.

Hoy día me sigo fijando objetivos ambiciosos fuera de mi zona de confort. Quiero crecer, crear y lograr. Una diferencia clave es que ahora trabajo por mis objetivos con compasión hacia mí misma, en lugar de castigarme.

Me costó muchas caídas y dolores de cabeza darme cuenta de que se necesita mucha energía para tratar de cambiar lo que soy. Sin embargo, cuando elijo mostrarme con confianza y amando quien soy sin pedir disculpas por ello, puedo redirigir mi energía hacia la manifestación de lo que quiero.

ACEPTA, EN LUGAR DE SILENCIAR, TUS VOCES DE MIEDO Y LIMITACIÓN

Hace unos meses hablé por teléfono con mi amiga Patty, quien me dijo que estaba luchando con esa voz interna que le decía que no era lo suficientemente buena. Patty posee un doctorado y forma parte de una minoría, ya que solo el uno por ciento de la población latina alcanzó ese nivel educativo. A pesar de estar muy preparada y calificada, se sentía incapaz y sus voces internas la estaban enloqueciendo.

Comprendí su situación. Cuando hace unos años di un giro a mi carrera en busca de mejores oportunidades, mis voces internas no me apoyaban mucho. Por aquel entonces había compartido una versión similar de lo que me contaba Patty con mi querida amiga colombiana Melba Alhonte, y las palabras de Melba me cambiaron la vida.

"Patty por favor déjame compartir contigo lo que mi querida amiga Melba me compartió hace tiempo", le dije.

"Es tan poderoso que solo lo escuché una vez y eso fue suficiente para cambiar mi vida", continué, mientras ella guardaba el más sagrado silencio como para recibir esta información en su corazón.

"La próxima vez que aparezcan tus voces críticas, en lugar de intentar silenciarlas, abrázalas con amor. Ama las voces del miedo. Ama las voces del juicio. Ámalas a todas", le dije en absoluta calma. Patty rompió a llorar.

Cuando pudo volver a hablar, su voz reflejaba una profunda gratitud: "Gracias por mostrarme que está bien sentirse así. Que estoy bien", se quebró de nuevo. "Nunca pensé en amar esas voces. Ahora me doy cuenta de que vienen de una parte de mí que tiene miedo y que solo quiere ser aceptada y amada", dijo Patty.

Hemos aprendido a apartar esas voces y esas partes de nosotras que no nos gustan demasiado. Pero al apartarlas con fuerza y rechazo, les damos más atención y poder. Pero a medida que las amamos sin condiciones y les agradecemos que estén ahí tratando de mantenernos a salvo del dolor del fracaso, (porque eso es lo que buscan esas voces), las mismas comienzan a disolverse.

Ama tu voz de duda, tu voz de miedo, tu crítica interior.
A medida que las ames, comenzarán a disolverse. No hay
nada que el amor no puede derretir.

Cada vez que aparezca el consabido "¿Quién te crees que eres?" o "¿Qué sabes tú?" o cualquier otra versión de esas voces, abrázalas con amor y repítete a ti misma "Soy habilidosa, creativa y capaz. Llevo en mí todo lo que necesito para triunfar". Luego, observa cómo tu tensión se desvanece y los juicios se disuelven.

* * *

No hay mejor ni peor, no hay superior ni inferior, excepto en nuestras mentes críticas. He aprendido que la realidad es perfecta tal y como es y que somos nosotras los que etiquetamos los acontecimientos de nuestra vida como buenos o malos, según nos gusten o no.

Hoy tienes la oportunidad de darte una pausa en esto de etiquetar tus voces internas como buenas o malas, soltando todos los juicios que tenías sobre quién eres, cómo hablas y acerca de las oportunidades que lamentas haber dejado pasar.

Hazlo solo por hoy. Y explora la posibilidad de hoy sea el primer día de un mágico y nuevo comienzo.

A medida que amas a tu crítica interior y las voces de juicio y carencia se acallan, la voz de tu alma se escuchará. Exploraremos cómo sacar esa voz al mundo, tu verdadera voz. Pero primero, ¿qué tal si analizamos cómo el hecho de crecer en los

Estados Unidos como hija de inmigrantes latinos, impulsó a muchas jóvenes hispanas a encontrar su voz pues no tuvieron más remedio que convertirse en las "traductoras"?

CAPÍTULO 8

QUIENES DESCUBRIERON SU VOZ EN SU NIÑEZ AL NAVEGAR LOS ESTADOS UNIDOS PARA OTROS

———

Imaginen a nuestros jóvenes latinos y latinas, muchos de ellos menores de diez años, caminando en espacios donde se espera que se comuniquen con claridad, resuelvan conflictos de manera fácil y se conviertan en el puente que ayuda a que dos culturas logren entenderse.

Hace unas semanas, mi marido se estacionó fuera de un café Dunkin Donuts en Chatham, Nueva Jersey. Entró por un café mientras yo esperaba con nuestros hijos en el automóvil.

Tardó bastante tiempo, y cuando volvió con una humeante taza de café descafeinado, me miró y dijo: "Acabo de vivir uno de esos eventos que comentas en el libro que estás escribiendo".

"¿Cuál?" le pregunté, mientras pensaba por qué se había tardado tanto.

"Una niña latina muy pequeña, quizá de unos nueve años, estaba haciendo de traductora para sus padres que no hablaban inglés. Intentó pedir un café", me dijo, "y no salió bien".

El padre de la niña había querido pedir un café con leche grande con dos medidas adicionales de café expreso. La niña, que era la única que hablaba inglés en la familia, hizo el pedido, y su padre terminó con una taza de café negro y dos tazas adicionales de café expreso. El hombre de mediana edad que estaba detrás del mostrador era también un inmigrante, probablemente del Medio Oriente. El pedido se perdió totalmente en la traducción.

Lo que siguió después fue un padre latino muy nervioso tratando de explicar el pedido, el cajero del café intentando arreglar el problema mientras los clientes se acumulaban en la línea de pago muy impacientes, y la niña profundamente avergonzada, con la cabeza baja y los ojos fijos en las baldosas beige del piso.

Mi marido, al darse cuenta de lo que estaba pasando, se lanzó a ayudar a resolver la situación. Una vez arreglado el pedido y sustituidas las tres tazas de café por una, intentó ofrecer a la niña unas palabras de consuelo, pero ella se limitaba a murmurar "sí" y "gracias", sin levantar la vista. Probablemente pensaba que todo era su culpa, y parecía avergonzada tanto por la situación como por la atención no solicitada que había atraído en una tienda repleta de clientes no hispanos.

La niña era una de las "traductoras" que han navegado y siguen navegando América para sus padres.

DE TRADUCTORAS A LÍDERES

Me encontré con las "traductoras" por casualidad, mientras investigaba sobre mujeres latinas poderosas que habían encontrado su voz y se habían convertido en líderes que crean impacto en nuestra comunidad.

La primera persona que mencionó este término fue María Teresa Kumar. María Teresa es una latina influyente, nacida en Colombia, que emigró a los Estados Unidos a temprana edad. Me conecté con ella a través de Zoom un viernes por la mañana antes de su presentación virtual con la Casa Blanca. La había visto muchas veces en la televisión y las redes sociales, invitando a los latinos a registrarse para votar.

"Lo que realmente admiro de ti, María Teresa, es tu valentía para ser visible y hablar con el corazón", le dije durante nuestra conversación. María Teresa no tiene miedo de defender sus valores e ideales.

"Me encanta que seas una voz que ayuda a muchos", continué, mientras María Teresa sonreía. "¿Cómo sucedió eso? ¿Cómo fue el proceso de encontrar tu voz?" le pregunté.

No me esperaba la respuesta que compartió a continuación.

"Cuando tenía nueve años", dijo María Teresa, "empecé a navegar este país, los Estados Unidos, para mi madre y mi abuela. Realmente no tuve opción pues yo era la única que podía comunicarme en inglés".

Su madre, una mujer de color con recursos limitados, vivió muchas dificultades por ser madre soltera en su Cartagena natal, en Colombia. Decidió trasladarse a la capital, Bogotá, donde conoció a un estadounidense con quien se casó y se mudó a California junto con María Teresa. Con el tiempo, la abuela de María Teresa, una mujer que había criado a ocho hijos en Colombia, acabaría uniéndose a ellas.

María Teresa es una mujer completamente bilingüe, con una forma clara y asertiva de comunicarse y la fuerza para moverse por espacios de influencia y de toma de decisiones. Es difícil imaginar sus comienzos humildes y es inspirador saber que está donde está porque trabajó para abrirse caminos.

María Teresa agregó: "Recuerdo cuando iba a la consulta del médico con mi abuela. Tenía que traducir entre el médico y mi abuela, asegurándome de que mi abuela entendiese qué medicina tenía que tomar y cuándo. Tenía la enorme responsabilidad de no cometer ni un solo error, porque la salud de mi abuela dependía de mí".

Emigrar a los Estados Unidos es muy difícil para los que no hablan el idioma y no entienden la cultura.

La madre de María Teresa fue enviada a una granja a recolectar uvas porque no podía comunicarse en inglés. Su hija aprecia los sacrificios de su madre y, desde muy temprana edad, comprendió lo difícil que era para su madre moverse con libertad en el sistema estadounidense. Por ello María Teresa asumió con naturalidad su papel de traductora para ambas, su madre y su abuela; y no solo del idioma, sino también de la cultura en sí.

Incómodo, sí. Intimidante, seguro. Pero definitivamente, un proceso de transformación y auto empoderamiento.

Con el tiempo, María Teresa pasó de ser la voz de su círculo íntimo familiar a convertirse en una líder que moviliza a los jóvenes latinos para que ejerzan el poder de su voz a través del voto. Convirtió su propio proceso de descubrir su voz en una plataforma desde donde invita a otros latinos a abrazar la propia.

En el 2004 fundó la organización sin ánimo de lucro Voto Latino, cuya misión es registrar a los latinos en el sistema electoral para que puedan votar. María Teresa siempre creyó en el poder de los jóvenes latinos para influir en el futuro del país. El uso de sus voces para ayudar a sus familias a entender el sistema americano, expuso a estos niños a un conjunto único de experiencias que les permitió formar sus puntos de vista.

"Estos niños están realmente equipados para captar el poder de la diversidad, porque no tuvieron más remedio que manejarse en espacios donde la diversidad no existía. Entienden las luchas y comprenden lo mucho que puede cambiar tu vida al encontrarte con personas similares a ti que puedan aportar tu voz a la discusión", dijo.

Bajo su liderazgo, Voto Latino ha registrado a más de un millón de nuevos latinos en el sistema de votación. Esto ha sido un gran logro para una comunidad en la que el silencio y la invisibilidad siempre fueron lugares seguros.

Me pregunto cuántas personas en los Estados Unidos son conscientes de lo que nuestros jóvenes "traductores" experimentan, y si estamos equipados como sociedad para apoyar sus necesidades específicas. A medida que crecen, la mayoría de estos "traductores" adquieren el papel adicional de proveedores de sus familias, y creo que no los estamos apoyando con lo que más necesitan. Las universidades, en particular, parecen estar batallando por atender las necesidades específicas de este segmento de la población latina.

"Una amiga latina se doctoró en la Universidad de Chicago", compartió María Teresa, "y durante sus estudios, investigó la relación entre los estudiantes latinos de pregrado y sus profesores. Descubrió que los profesores no eran conscientes de las muchas responsabilidades que tenían los estudiantes latinos de primera generación fuera de sus aulas", y continuó diciéndome: "Algunos de esos estudiantes sacaban peores calificaciones, porque trabajaban y estudiaban simultáneamente para mantener a sus familias".

Nuestra sociedad tiene mucho trabajo por hacer para entender y atender las necesidades específicas de los latinos que son la primera generación en pisar nuevos espacios, y que manejan múltiples roles de manera simultánea.

HACIENDO LA TAREA DEL COLEGIO Y AYUDANDO A PAPÁ CON EL TRABAJO

Después de mi conversación con María Teresa, me puse en contacto con mi buena amiga Mariela, curiosa por saber cuál había sido su experiencia. Mariela había emigrado de Argentina a los once años, sin hablar ni una palabra de inglés.

"Marie, ¿tuviste que ser la traductora de tus padres al llegar aquí y después de aprender inglés?" le pregunté.

"¡Por supuesto!", se rió. "Tuve que aprender inglés en nueve meses, ya que tenía que participar en las citas médicas y en todo lo relacionado con el trabajo de mis padres. Incluso traducía los presupuestos de mi papá para sus proyectos de construcción. Él los preparaba en español y yo los reescribía en inglés".

Me tomó por sorpresa. Esto era algo de lo que nunca habíamos hablado, y ahí pude entender su capacidad para sobresalir en su profesión y cómo se había gestado su habilidad superior de comunicación.

Mariela me explicó lo difícil que había sido para ella entrar no solo en este país sino en el nuevo sistema escolar, pues sus padres no podían comunicarse con los adultos a cargo. Tuvo que ingeniárselas rápidamente para entender cómo funcionaba la escuela y para ocuparse de sus tareas escolares, sin ayuda. Por la tarde y luego de terminar las tareas asignadas en clases, ayudaba a sus padres con el papeleo del trabajo y las citas, convirtiéndose en el pilar de su adaptación a la cultura.

Aún hay más.

Ser la "traductora" no solo es una invitación a ejercer tu valentía desde una edad temprana, sino que impacta en la imagen mental que tienes sobre tus padres y la figura de autoridad que ellos representan.

LA DESMITIFICACIÓN DE LA AUTORIDAD PARENTAL

Krys, la joven líder de la industria biofarmacéutica de quien hablé en el Capítulo 5, tuvo una experiencia similar al crecer. Krys nació en los Estados Unidos de padres inmigrantes ecuatorianos que no dominaban el inglés.

"Muy pronto tuve que averiguar, con el escaso idioma que tenía como estudiante de segundo o tercer grado, lo que mis padres realmente necesitaban y lo que estaban tratando de decir", dijo Krys.

La madre de Krys tenía lupus, y antes de que los médicos la diagnosticasen, una Krys de siete años acompañaba a su madre a los diferentes hospitales mientras intentaban averiguar qué pasaba con su salud. Krys traducía el papeleo que su madre tenía que firmar y se quedaba en un rincón viendo cómo los médicos y las enfermeras le hacían las pruebas.

Los roles se habían invertido, y ella sentía que se había convertido en la madre de su propia madre.

Que los niños pequeños se conviertan en traductores para sus padres también se denomina mediación lingüística. Cuando esos padres buscan además consuelo emocional en sus hijos, hasta el punto de que el niño asuma el papel de uno de los padres, podemos experimentar una "inversión de roles".

Un informe de investigación publicado por la Biblioteca Nacional de Medicina en el 2005, sostiene que en estas situaciones los niños descubren que tienen que madurar más rápido que otros niños de su edad. Descubrir que tienen un cierto nivel de responsabilidad respecto a sus padres puede originar problemas sociales, actitudes de riesgo y agresividad.

En las mentes de muchos de estos niños que salieron al mundo como mini adultos traduciendo para sus padres, la figura de autoridad representada por estos comenzó a desmoronarse. Para ellos, sus padres gravitaban entre dos polos opuestos: por un lado, siendo figuras poderosas dentro de su casa, y por el otro, siendo seres humanos impotentes afuera en el mundo. Y estos niños eran testigos constantes de esta contradicción.

"Crecimos viendo cómo los médicos, los abogados y otros profesionales despreciaban o maltrataban a nuestros padres delante de nosotros. No solo fuimos testigos de cómo las figuras de autoridad en nuestras vidas eran despreciadas por los demás, sino que también tuvimos que traducirles esos mensajes despectivos, palabra por palabra, mientras ellos se quedaban impotentes y minimizados. Esto era vergonzoso y confuso...", compartió Krys.

"Todo esto realmente te hace algo por dentro", continuó Krys. "Pasé de la idea de *'Estos son mi madre y mi padre, y ellos pueden protegerme'* a *'Estoy aquí para protegerlos o de lo contrario ninguno de nosotros estará a salvo'*".

EL DESARROLLO DEL AUTOCONOCIMIENTO Y LA INTELIGENCIA EMOCIONAL DESDE MUY TEMPRANA EDAD

Las dificultades al asumir esas responsabilidades también trajeron recompensas. Al traducir palabra por palabra lo que la maestra le decía a sus padres durante las reuniones de padres, Krys empezó a aprender sobre sus puntos fuertes y sus áreas de oportunidad desde muy temprano.

"Durante mi escuela primaria, me permitían acompañar a mis padres en las reuniones con las maestras para ayudar como traductora", comparte Krys con orgullo. "¿Te imaginas poder escuchar todas las cosas buenas y malas que mi maestra tenía que decir sobre mí, y tener que traducírselo a mis padres?"

Krys recuerda una ocasión en particular en la que llevaba semanas temiendo la reunión de padres. Estaba avergonzada por algunas de las calificaciones que había sacado en algunos exámenes. Entró al aula nerviosa, pensando: "Esta conversación no va a salir bien".

Durante la reunión su maestra le hizo traducir lo siguiente para sus padres: "Me doy cuenta de que Krys va a ser muy buena en esta asignatura, porque aunque haya sacado una calificación media, se está esforzando mucho", dijo su maestra. Continuó, mirando a Krys a los ojos, "Al final, las personas que llegan a lo más alto son las que se esfuerzan. El esfuerzo de Krys no ha disminuido en todo el año, y la felicito por ello".

Estas primeras experiencias le enseñaron a Krys que se juzgaba a sí misma muy duramente, y que se trataba mucho peor de lo que la trataban los demás. Comprendió que no todo es cuestión de la calificación final, sino del compromiso y del trabajo realizado durante el camino. Aprendió la importancia de entender las expectativas de quienes ocupan puestos de autoridad, para enfocarse en lo que realmente marcaría la diferencia.

UN VÍNCULO ÚNICO QUE INFLUYE DE POR VIDA

Como lo expresó María Teresa Kumar: "Somos la imaginación de nuestros padres, somos su formación y, en algún momento, también nos convertimos en su voz y sus ángeles de la guarda".

La relación de cuidado y protección funciona en ambas direcciones, construyendo confianza mutua a medida que esos padres inmigrantes y sus hijos tropezaban juntos durante el proceso de descubrir un sistema cultural nuevo y complejo. Como expresó María Teresa: "La gente me pregunta '¿Quién fue tu mentor?' y yo digo: 'Mi madre y mi abuela en sus *mejores capacidades*'". Personalmente, me siento muy identificada con esto. No estaría donde estoy si no fuera por mi madre y mis abuelas (¡y mi padre!), que me alentaron en cada paso a lo largo del camino.

Esos primeros tropiezos generaron un sólido vínculo entre los miembros de la familia, que más tarde se tradujeron en influencias sólidas al momento de decidir dónde vivir, qué comprar, cómo ahorrar para la jubilación, y mucho más. El poder de la influencia intergeneracional en nuestra comunidad es real y se basa en horas, semanas, años y décadas de apoyo mutuo.

Estos "traductores" son en la actualidad latinos de la Generación Z y la del Milenio (Millenials). Son poco convencionales, muy directos, se comunican con múltiples audiencias y se desenvuelven en diferentes entornos. Como un tercio de los latinos son menores de dieciocho años, veremos a muchos más de estos jóvenes pioneros unirse a la fuerza de trabajo en la próxima década.

¿Estamos preparados como sociedad para aceptar el inmenso valor que ellos aportan y para guiarlos en esos nuevos espacios?

Como afirma Krys con orgullo: "Los hijos de padres inmigrantes somos increíbles. Creo que vemos el mundo de forma muy diferente y tenemos mucha perspectiva. El hecho de tener que defender desde una temprana edad a alguien que era una figura de autoridad para mí, me hizo cuestionar el mundo. También me hizo cuestionar cómo me veía a mí misma y cómo el mundo me veía a mí. Y eso, es muy poderoso".

Creo que nuestra juventud impulsará grandes cambios. De la misma manera que han navegado los Estados Unidos para sus padres, estas voces refrescantes nos impulsarán a transformarnos en un país más inclusivo y equitativo.

Si eres uno de esos niños valientes que no tuvieron más remedio que crecer abruptamente, debes saber que como inmigrante que soy, te honro por haberte convertido en un pilar de seguridad y confianza para tu familia al tiempo que se adentraban en un mundo desconocido, con muchos sueños y sin suficientes herramientas para navegar por él.

Y si aún guardas alguna memoria de vergüenza o impotencia asociada a estos recuerdos, o si esos acontecimientos te hicieron sentir avergonzada de tus padres y de nuestra cultura, ahora se te presenta la oportunidad de perdonar y dejar ir.

Nuestros padres hicieron lo mejor que pudieron con las herramientas y los recursos que tenían en ese momento. Tú también lo harás. Todos lo hacemos.

CAPÍTULO 9

QUIENES DESCUBREN SU VOZ HACIENDO SU TRABAJO INTERNO DE ADULTOS

———

A Carolina, una ejecutiva latina de alto nivel de un importante banco de Wall Street, le tomó casi una década tener la valentía para hacer escuchar su voz en su sitio de trabajo.

Carolina nació en Nicaragua, el segundo país más pobre de Latinoamérica. Hija de dos emprendedores, Carolina creció soñando con la idea de dirigir un negocio. Fue una niña que sobresalió en la escuela con excelentes calificaciones y un futuro brillante. Desde muy joven imaginó que alcanzaba los más altos niveles en el mundo de los negocios, y desde ese lugar, soñó con impactar de manera positiva la vida de miles, y por qué no, de millones de personas.

Con un inglés impecable producto de años de estudio en su país natal, y tras sumergirse por completo en la cultura estadounidense mientras asistía a una de las mejores universidades de este país, Carolina se comunica de forma elocuente con un tono seguro, profesional y genuino.

Las palabras que Carolina escribió en un artículo para el blog de su empresa fueron una inspiración para mí: "Mientras mi carrera profesional florecía, yo luchaba en silencio". Como Carolina era una de las pocas mujeres que ascendía a la misma velocidad que sus compañeros hombres, temía que pedir ayuda o mostrar cualquier signo de debilidad fuese utilizado en su contra. "Estaba representando un personaje al reprimir mi propia experiencia para tratar de encajar", comentó.

Después de leer ese artículo, contacté sin dudarlo a esta valiente líder que mostró su vulnerabilidad sin miedos al compartir abiertamente sus luchas, con la esperanza de ayudar a otras mujeres que podrían estar viviendo la misma experiencia.

Esa mañana cuando nos conectamos por Zoom, Carolina me contó que en las primeras etapas de su carrera: "Las conversaciones que mantenía con otros compañeros de trabajo podían tener mucha sustancia empresarial, pero en el plano personal yo las sentía superficiales".

Y continuó diciendo: "Me di cuenta de que la razón por la que yo las consideraba superficiales era mi creencia de que si me mostraba tal cual soy en la conversación, algo no funcionaría bien o tal vez habría un problema con ello o la gente cambiaría su percepción sobre mí y mi trabajo".

La escuché sin interrumpirla, apreciando su franqueza y su deseo de compartir sus pensamientos.

"Pero tenía una creencia equivocada", continuó. "Como yo me mantenía cautelosa en esos intercambios, la gente respondía de la misma manera. Nuestra comunicación reflejaba mi propia cautela, y ellos tampoco profundizaban en sus expresiones. Simplemente, respondían de la manera como yo me expresaba".

Carolina estaba decidida a hacerlo de otra manera. No se sentía del todo contenta con la versión minimizada de sí misma que mostraba en la oficina.

"Aprendí que era necesario predicar con el ejemplo", dijo Carolina. "Tenía que dar ese primer paso y atreverme a ser quien yo era frente a las personas que consideraba diferentes. A la vez, mi cambio les daría permiso para ser de la misma manera que yo era con ellos".

La experiencia de Carolina es un ejemplo de la belleza de las relaciones humanas. Cuando abrimos nuestros corazones para compartir desde lugares más profundos, estamos invitando a los demás a hacer lo mismo. Y la energía del espacio seguramente cambia: el aire se vuelve más fácil de respirar y la luz parece llenar el lugar.

Esta ejecutiva de Wall Street no se había dado cuenta hasta ese momento de lo mucho que su disminuida autoaceptación la influenciaba en su actuar.

Había desarrollado amplias habilidades técnicas y una profunda inteligencia emocional en su capacidad de dirigir y conectarse con la audiencia en sus reuniones, pero sentía que siempre era una versión limitada de sí misma. No una versión engañosa de sí misma, sino una versión restringida e incompleta. Esto no frenaba necesariamente su carrera, pero la hacía sentir muy incómoda. En el fondo, sabía que no era libre en su trabajo.

Un informe del *Harvard Business Review* del 2016 indica que la mayoría de los latinos en los Estados Unidos sienten que no pueden mostrar abiertamente quienes son en la oficina. La gran mayoría de ellos (76%) reprime algunos aspectos de su personalidad en el trabajo. Este informe indica que los latinos se obligan a "modificar su apariencia, su lenguaje corporal y su estilo de comunicación; todos estos componentes de lo que se denomina presencia ejecutiva: ese elemento intangible que define el liderazgo".

Esto puede ser realmente agotador. Se necesita una enorme cantidad de energía para reprimir lo que uno es, ya que con este comportamiento se intenta cambiar por temor al rechazo. Es como si en el fondo llevásemos un niño pequeño que solo desea ser amado y aceptado por todos.

Este informe de Harvard también indica que esa represión impacta en toda la organización empresarial, no solamente teniendo consecuencias de rendimiento en el mercado y con los clientes sino, además, socavando la capacidad de la empresa para atraer y retener el talento latino. Los jóvenes de la generación del Milenio valoran profundamente *la autenticidad y la expresión personal*. Cuando los latinos sienten que deben reprimir lo que son para ascender a un puesto directivo en la empresa, los talentos latinos entrantes o emergentes se ven motivados a buscar empleo en otras compañías.

> *En otras palabras, la represión estimula los problemas de retención del personal en las organizaciones.*

Cuando las latinas reprimimos quienes realmente somos o cuando no mostramos nuestra verdadera voz al mundo, se nos presenta una oportunidad de profundizar más allá de la superficie, para encontrar las creencias limitantes que están al timón de nuestro comportamiento y que minimizan quienes somos.

En primer lugar, podemos haber sido influenciadas por creencias limitantes arraigadas en nuestra mentalidad a partir de experiencias de la infancia, al haber escuchado comentarios como "¡Tu hija habla demasiado!" o "¡Es tan mandona!" o directamente "Calladita te ves más bonita". Aunque estos comentarios hayan sido "bromas" sin mala intención, nos marcaron y, a partir de ellos, hemos tomado decisiones sobre cómo comportarnos, qué decir y cómo relacionarnos con los demás. Muchas de nosotras incluso nos creímos que nuestro papel era escuchar y apoyar a los otros, en lugar de expresarnos y liderar.

En segundo lugar, encontramos la creencia cultural limitante denominada *simpatía* por la Dra. Holvino en su investigación publicada en el 2010. La simpatía se refiere a nuestra tendencia a promover las relaciones agradables y las situaciones positivas, evitando los conflictos y la falta de armonía. Cuando nos dejamos llevar por nuestra narrativa de la simpatía, podemos sentirnos muy incómodas a la hora de expresar una opinión diferente, nos puede costar mucho decir que no, e incluso, podemos disculparnos antes de emitir una opinión, como si necesitáramos el permiso de alguien para hacerlo.

Lo interesante es que mientras las latinas tendemos a creer que hay que evitar el conflicto, la cultura anglosajona espera que expresemos una opinión diferente. En los contextos de trabajo en Norte América, se cree que el conflicto ayuda al grupo a alcanzar una solución de mayor nivel. En otras palabras, si no hablas y ofreces un punto de vista alternativo, te pueden percibir como alguien que contribuye menos valor que el resto del equipo o como una empleada desmotivada.

La Dra. Holvino considera que la tercera creencia limitante es el respeto. A las latinas se nos enseña a conceder una alta consideración a las personas que posean ciertas características como su autoridad formal, su edad o su estatus social, mientras que la mentalidad anglosajona fomenta las relaciones igualitarias, lo que incluye desafiar a la autoridad. Cuando nos guiamos por la creencia limitante de que la autoridad debe ser respetada pase lo que pase, no negociamos con nuestros jefes, nos quedamos demasiado tiempo con un jefe que no nos apoya, o no pedimos ascensos laborales o aumentos salariales.

Utilizar nuestra voz es como ejercitar un nuevo músculo. Puede ser muy difícil al principio y podemos estar tentadas a regresar a nuestra zona de comodidad. Sin embargo, mientras más utilicemos nuestra voz, mejor y más confiadas nos sentiremos al hacerlo.

Volviendo a Carolina, yo estaba ansiosa por saber qué acontecimiento concreto había provocado ese cambio en su mentalidad. Me contó que no hubo un solo acontecimiento que desencadenara ese cambio, sino que fue un camino progresivo de descubrimiento. Se había dado cuenta de que tanto el sentirse cómoda en su propia piel, como expresarse con su auténtica voz, eran trabajos internos. No se trataba de un trabajo técnico ni de lograr otro título. Era un trabajo cien por ciento emocional.

Para abordar este trabajo emocional, incorporó a su vida un nuevo hábito diario: la meditación.

A medida que Carolina dedicó tiempo en silencio para conectarse con su ser más profundo, su vida externa comenzó a cambiar. En el pasado y cuando tenía reuniones desafiantes, su mente solía entrar en el miedo y la inseguridad. Se preguntaba si había dicho lo correcto y se ponía nerviosa por lo que pudiesen pensar sus compañeros de trabajo. Todo eso era demasiado agotador. La meditación le abrió la puerta a una nueva realidad: la capacidad de permanecer plenamente tranquila y *presente* sin importar lo que estuviese pasando.

Y cuando estamos plenamente presentes, no dejamos que nuestra mente se deslice entre el pasado y el futuro, entre el arrepentimiento y la ansiedad.

Cuando sentimos arrepentimiento es probable que estemos viviendo en el pasado, reviviendo acontecimientos que desearíamos fuesen diferentes. Cuando sentimos miedo y ansiedad probablemente estemos viviendo en el futuro, inventando todo tipo de escenarios terribles y que quizá nunca ocurran.

Cuando estamos en paz, conscientes de nuestra respiración y con la mente en calma, estamos presentes por completo en el *aquí y el ahora*.

A través de la meditación y la respiración, Carolina se sintoniza consigo misma y toma conciencia de lo que le ocurre a su cuerpo y su mente. Identifica las fuentes de tensión física y los pensamientos de miedo, y a través de la respiración, se esfuerza por soltarlos.

Respirar y soltar es algo que pongo en práctica durante las reuniones, aún cuando tengo gente alrededor. Es una técnica eficaz que pasa desapercibida para los demás y que aporta un enorme equilibrio a mi mundo interior.

En palabras de Carolina: "Es muy difícil tener miedo y sentirse insegura si te centras en el momento presente. La meditación y la respiración profunda me ayudaron a ir más allá de los sentimientos incómodos que me producía ser yo misma. Confié en que mi única intención en el trabajo era hacer lo correcto y simplemente fluí con eso".

Lo que compartió después resonó conmigo, ya que reflejaba mi propio camino y el de otras latinas con las que me relacioné.

"Al conectarme conmigo misma, tuve que confiar y creer profundamente en mi corazón que soy lo suficientemente buena", dijo Carolina.

"Tuve que creer que tenía algo importante que aportar", continuó.

"Y tuve que creer de corazón que mientras me presentase con profesionalismo y respeto, habría muy pocas cosas que pudiesen salir mal", enfatizó.

Este es el punto culminante de lo que significa encontrar nuestra propia voz: creer que somos lo suficientemente buenas y que lo que tenemos que decir es importante, y permanecer totalmente presentes para que nuestro mensaje surja de nuestro verdadero y auténtico ser.

A medida que fue conociendo su verdadera esencia a través de la meditación y la respiración, Carolina también aceptó sus raíces como fortaleza. "Al principio era híperconsciente de mis diferencias, y mi instinto era mezclarme para neutralizar mi herencia latina. Esto devaluó la percepción de mí misma, hasta que me di cuenta de que no puedo esperar que los demás me acepten si yo no me he aceptado del todo. Fue entonces cuando comencé a entenderlo".

Pasar tiempo en silencio contigo misma, de cualquier forma que sea, te permitirá crear un espacio entre quien tú realmente eres y tus pensamientos o emociones. Tú no eres tus pensamientos ni tus emociones, sino que experimentas esos pensamientos y esas emociones. Al sentarte en la quietud, enfocándote en tu respiración y convirtiéndote en la observadora de tu mundo interior, conectarás con tu esencia interior, el verdadero tú que aguarda detrás del ajetreo de tu mente.

En su libro *Deja de Ser Tú* (*Breaking the Habit of Being Yourself*), el renombrado autor, orador, investigador y quiropráctico

Dr. Joe Dispenza nos pregunta: "¿Puedes aceptar la idea de que una vez que cambias tu estado interno, no necesitas que el mundo externo te brinde una razón para sentir alegría, gratitud, aprecio o cualquier otra emoción elevada?"

Comienza dentro de ti. El mundo necesita líderes valientes que se tomen el tiempo de conectar con su esencia interior, que pasen por el proceso de la autotransformación, y que luego transformen el mundo.

CAPÍTULO 10

SUPERANDO LA IDEA ERRÓNEA DE QUE NECESITAS OCUPARTE DE TODO

———

¿Por qué nos presionamos para hacerlo todo, y para ser todo para todos?

¿Será posible que estemos en una constante tensión entre cumplir con nuestros roles ancestrales de género ("quién se supone que yo sea") y entre aprovechar las oportunidades sin precedentes que se nos presentan a nosotras, las latinas ("quién quiero ser")?

Yo sé que a mí me sucede.

Al ir creciendo, e incluso durante nuestra vida como adultas, muchas latinas recibimos mensajes contradictorios:

"Si no aprendes a cocinar, nadie se casará contigo".

"Necesitas tener una educación para avanzar en la vida y ser económicamente independiente".

"Las madres son las que saben cómo cuidar a sus hijos".

"Tienes que casarte con un hombre que haga su parte en la casa y con los niños".

Estos mensajes quedan arraigados en nuestras mentes y nos llevan hacia múltiples direcciones. Por un lado, nuestra cultura ancestral parece medir nuestro valor en relación con el cuidado de nuestro hogar y nuestros hijos; y por el otro, la nueva era nos invita a seguir nuestros sueños: obtener una educación superior, conquistar espacios de liderazgo e influencia en el mundo y lograr la independencia financiera.

Puede ser complicado para quienes somos las primeras en nuestras familias en transitar por espacios de realización profesional, de independencia personal y de los logros fuera del hogar.

Esta es probablemente la primera vez en nuestra historia colectiva que un número masivo de latinas rompe con los moldes de lo que se suponía debíamos ser y aquello que nuestra cultura esperaba de nosotras.

La investigación de la Dra. Evangelina Holvino subraya la marcada influencia del "Machismo-Marianismo" en la mentalidad latina de hoy día. Este concepto (machismo-marianismo) se refiere a los roles de género diferenciados en nuestra cultura, y a la representación de los hombres como aquellos que dominan, protegen y proveen, mientras que las mujeres somos definidas como aquellas que cuidan, sirven y se sacrifican por la familia. Según Holvino, nuestra cultura presiona a las mujeres para que sigan el modelo de la Virgen María, de ahí el nombre de "marianismo".

Mi paso a la independencia, la visibilidad y el liderazgo fue un choque frontal contra esas narrativas culturales inconscientes del machismo y el patriarcado, narrativas que definían mi papel como una mujer excelente para escuchar y servir a otros, pero no capaz de liderar y expresar sus ideas.

Sentía una tensión constante entre lo viejo y lo nuevo de nuestra cultura. Para aliviar la tensión, decidí abrazar completamente ambos roles: madre y profesional. Me costó mucho cuando nació mi primera hija, ya que quería ser madre a tiempo completo y también una profesional exitosa a tiempo completo. Me aferré a ambos roles durante casi nueve años hasta que la situación no fue sostenible. Esto me llevó a un colapso por agotamiento físico, mental y emocional en el 2016, como resultado del estrés crónico. Mi vida era demasiado intensa.

Sé que no estoy sola. Muchas latinas caminamos por espacios profesionales intensos, mientras llevamos sobre nuestros hombros la mayoría de las responsabilidades del hogar. Esto puede ser agotador tanto física como emocionalmente. En realidad, podemos terminar en una lucha agotadora al intentar manejar esos múltiples roles, dejando nuestras necesidades en último lugar y arriesgando nuestra salud.

Una de las mujeres que admiro profundamente es Arianna Huffington. Arianna es una firme defensora del cuidado de una misma, al cual coloca como el centro del éxito sostenible en cualquier ámbito de la vida.

Comparto su historia con la esperanza de que la vida no tenga que detenerte como la detuvo a Arianna, y como me detuvo a mí en el 2016. Mi deseo después de que leas este capítulo, es que ajustes tu vida y te coloques como el centro de ella, si aún no lo has hecho.

Arianna nació en Grecia, y si tienes algún amigo cercano que sea griego, probablemente sabrás que hay muchas similitudes con nuestra cultura hispana. Particularmente, compartimos la calidez en las relaciones y el amor por la comida como una forma de unir a la gente y hacerla sentir en casa.

Arianna es la directora general de *Thrive Global*, una plataforma virtual de cambio de comportamiento. Es también madre de dos hijas, abuela, autora de quince libros y cofundadora del Huffington Post. Ha sido votada en múltiples ocasiones como una de las líderes más poderosas e influyentes del mundo.

En el 2007 y dos años después de lanzar el *Huffington Post*, Arianna estaba atendiendo una llamada y revisando correos electrónicos en su casa cuando se desmayó, cayó al suelo y se despertó en un charco de sangre. En su caída se había fracturado el pómulo y había sufrido una herida encima del ojo. Según un artículo de Paul Raeburn en *Today*, Arianna había estado trabajando con un intenso horario de dieciocho horas al día, pues estaba creando el sitio web del *Huffington Post*. Tras varias semanas de pruebas médicas, los doctores confirmaron que estaba sufriendo de agotamiento.

Esta empresaria que para aquel momento se encontraba en las primeras fases de su éxito actual, acababa de sufrir un colapso por falta de sueño.

Arianna describe este momento como una llamada de atención.

"Ese día cambió literalmente mi vida", dijo Arianna en su blog. "Me llevó a un camino en el que cambié mi forma de trabajar y vivir", agregó.

Continúa explicando cómo su "colapso hacia el despertar" la puso en camino para escribir dos libros: *Redefine el éxito (Thrive)* y *La Revolución del Sueño (The Sleep Revolution)*. Poco después abandonó la exitosa empresa que había ayudado a fundar y la cual dirigió durante once años, para lanzar su sitio web *Thrive Global,* cuya misión es terminar con la epidemia del agotamiento (o *burnout,* su equivalente en inglés).

Algo parecido me ocurrió en el año 2016: me derrumbé física y emocionalmente por agotamiento. Había estado trabajando dieciséis horas al día para llevar adelante mi trabajo como consultora y mi papel de madre de dos hijos pequeños, sin ayuda externa. Me costaba mucho confiar en que una persona extraña a la familia estuviese cerca de mis hijos, y como mi familia estaba en Argentina y mi marido todo el día en la oficina, decidí cuidarlos yo. Esta falta de confianza en la ayuda externa, junto con la creencia de que tenía que hacerlo todo, me llevó al colapso.

Cuando pienso en la llamada de atención de Arianna y en la mía propia, llegan a mi mente los millones de mujeres que se esfuerzan más allá del agotamiento al intentar cumplir a cabalidad con las múltiples responsabilidades del hogar, el trabajo y, algunas de ellas, hasta con el cuidado de su familia extendida.

Seguimos poniéndonos en último lugar. Tendemos a dedicarnos el tiempo y los cuidados que tanto necesitamos solo cuando todos los demás han sido atendidos.

En una reciente oportunidad que tuve de hablar frente a una audiencia compuesta casi en su totalidad por mujeres latinas, tuvimos un momento colectivo de verdad. Pedí a las mujeres del público que levantaran la mano si de manera regular se esforzaban más allá del agotamiento, yendo mucho más allá de lo que sus cuerpos querían. La mayoría de las manos se levantaron.

He pasado por esa situación, así que lo entiendo. Durante muchos años ignoré las señales que me enviaba mi cuerpo. Los dolores en mi cuello y mi cabeza pronto se convirtieron en mareos y arritmias cardíacas. Me acostumbré a ello y seguí adelante. Poco después, llegué al agotamiento emocional y físico. Nuestro cuerpo hará todo lo posible para mantenernos en marcha, pero cuando no lo reponemos lo suficiente, empezará a gritar cada vez más fuerte, y en algún momento, todas las sirenas sonarán para alertarte de que debes parar.

Quizá haya llegado el momento de escuchar a nuestro cuerpo y honrarlo cuando necesite un descanso. Y si algo en ti quiere seguir empujándote más allá del cansancio de tu cuerpo o tu mente, ¿puedes mirar dentro de ti para encontrar las creencias limitantes que causan ese comportamiento?

¿Tal vez sufres de baja autoestima y poco amor propio, y ello te empuja a sacrificarte para encontrar tu valor y tu validación personal fuera de ti, es decir, en otras personas y eventos externos? ¿Estás intentando demostrarte que puedes ser independiente y fuerte, y no estás abierta a recibir apoyo? ¿O es que te cuesta pedir ayuda o confiar en que los demás pueden hacer el trabajo? Quizá la respuesta sea un poco de todo.

Muchas latinas crecieron absorbiendo como esponjas aquello que *"se espera que sea el papel de una mujer"*, y el Covid-19 vino a exacerbarlo todo. Un informe de la consultora *Boston Consulting Group* del 2020 estima que la educación virtual desde casa añadió veintisiete horas de trabajo adicional en el hogar para los padres. Esto equivale a un trabajo adicional de medio tiempo. El informe afirma que la mayoría de estas horas recayeron sobre los hombros de las mujeres. Además, el reporte agrega que las mujeres de color son las más perjudicadas, ya que cuentan con un menor ingreso disponible para el cuidado de los niños en casa o para el pago de clases particulares.

Si estábamos abrumadas antes del Covid-19, nuestra carga emocional no ha hecho más que intensificarse. Ahora, más que nunca, es imperativo que seamos conscientes de a qué dedicamos nuestro tiempo y por qué, recordando siempre que debemos cuidarnos, dejando ir cualquier sentimiento de culpa que pueda generarse cuando nos tomamos tiempo para nosotras.

En palabras de Arianna Huffington: "Te aseguro que el éxito del *Huffington Post* se produjo cuando empecé a cuidar de mí misma". Añadió que se dio cuenta de que "algunos acontecimientos que llegan a definir nuestra vida de forma positiva, nunca habrían ocurrido si no fuera por circunstancias que fueron desafiantes".

Cuando nos enfrentamos a momentos estresantes o cuando nuestro cuerpo muestra signos de desequilibrio, podemos crear cambios positivos en nuestra vida si paramos y nos preguntamos: "¿Qué necesito ajustar?" y "¿Qué puedo aprender de esto?"; en otras palabras, detrás de cada desafío hay una lección escondida.

Mi agotamiento me enseñó que cuidarme no es una opción, es una obligación. Tal vez la mayor lección que recibí fue la de aceptar el hecho de que no tengo que sacrificarme para alcanzar el éxito. Hoy día me recuerdo a mí misma que está bien descansar y colocar mis necesidades en primer lugar. No asumo más compromisos de los que puedo manejar, he aprendido a decir *"no"* con respeto y gracia, y a pedir ayuda cuando la necesito.

Cuando tienes un hábito profundamente arraigado que te ha influenciado durante décadas, un primer paso para romper de forma intencional este patrón es hacerte consciente del mismo, reconociendo que si te distraes, éste puede volver a dominar tus decisiones.

A medida que rompemos esos patrones que nos llevan al agotamiento, nos damos cuenta de que las prácticas empresariales sostenibles deben incluir en su núcleo el bienestar de las personas.

En este sentido, Arianna predica con el ejemplo. Cuando entras en sus hermosas oficinas en Manhattan, la sensación que tienes es: "Estoy entrando a las oficinas del futuro". Tiene espacios abiertos, salas de meditación y sillones para descansar y relajarse, mesas para trabajar de pie que se pueden ajustar hacia arriba o hacia abajo y que se programan para recordarte que es el momento de frenar para estirarte o caminar un poco, y muchas otras cosas más.

Siendo realistas, aunque la meditación y la respiración consciente se enseñan en muchas escuelas en los Estados Unidos desde hace tiempo, parece que a los adultos nos cuesta mucho más aceptar el valor de estas prácticas poderosas y sencillas. Hemos crecido con la creencia de que tomarse un respiro y relajarse puede asociarse con la pereza o la falta de compromiso.

Sin embargo, parece ser que una nueva forma de trabajar y hacer negocios ha comenzado a ganar seguidores. Muchas prácticas que antes se consideraban hippies o "demasiado nueva era", ahora se comparten de manera libre entre los CEOs y los ejecutivos de alto rendimiento, quienes han abandonado el temor a admitir que las prácticas como la meditación, el movimiento físico y la creación de nuevos hábitos de sueño les ayudan a tener más equilibrio y más claridad al momento de tomar decisiones importantes.

En este momento, podemos recordarnos que no fuimos creadas para sufrir sino para prosperar, y que si hay sufrimiento o cualquier tipo de dolor físico o emocional, es una señal de la necesidad de ajustar nuestro comportamiento. Sé intencional para cambiar lo que debe cambiarse en tu vida, y recuerda siempre cuidar de ti misma para poder cuidar de los demás.

Una práctica espectacular que una entrenadora de alto rendimiento me sugirió hace poco, es el hábito de incluir un tiempo en mi calendario para meditar, estirarme o respirar de manera consciente, de la misma manera que le asigno tiempo a las reuniones importantes.

"Me despierto a las 5:30 de la mañana para disfrutar de un momento en el que puedo estar a solas conmigo misma en el silencio. Ese tiempo conmigo misma es un momento muy importante que muchas mujeres no se permiten tener".

—*TITINA PENZINI, DISEÑADORA,*

AUTORA E ILUSTRADORA

"Recuerda lo que indican en los aviones: colócate tú primera tu máscara de oxígeno, y luego ocúpate de todo lo demás", recomienda Arianna.

Y para nosotras las latinas, especialmente para las madres latinas, esto... es indispensable.

CAPÍTULO 11

LA COMPETENCIA ENTRE LATINOS ES REAL

———

"Ahora sé que la batalla entre nosotros se produce cuando un grupo, a menudo ignorado, lucha por ganar visibilidad o por los recursos disponibles en un mundo capitalista. Con frecuencia nos terminamos enfrentando entre nosotros mismos".

—MARÍA GARCÍA,

VOZ DEL PODCAST: *ANYTHING FOR SELENA*

La competencia entre nosotros es real.

¿Alguna vez jugaste en tu niñez al "juego de la silla"? Me parece que es una gran representación de lo que podemos encontrar en nuestra comunidad hispana. Cuando la música suena los participantes se mueven alrededor de las sillas, que se han organizado en círculo, tratando de ser más rápidos, mejores y más despiertos que los otros participantes. Pero cuando la música se detiene los participantes deben apurarse para encontrar un lugar, si es necesario, empujando a los otros participantes para lograr una de las sillas. No hay suficiente para todos.

Lorena es la exitosa ejecutiva inmigrante de México que presenté brevemente en el Capítulo 2. Hace un tiempo, Lorena fue promovida como directora en la industria farmacéutica, con foco en el mercado latinoamericano desde las oficinas centrales de los Estados Unidos. Rodeada de hispanos de múltiples países de origen, así como de latinos nacidos en los Estados Unidos, recuerda que al llegar al país era "la mexicana feliz que iba de un lado a otro" haciendo nuevos amigos y creando nuevos contactos. A medida que pasaba el tiempo y se iba asentando, empezó a sentir la competencia de otros colegas latinoamericanos.

¡Era como si de repente ella se hubiese convertido en una amenaza!

"Se suponía que debíamos ayudarnos mutuamente, o eso esperaba", me dijo, "y luego me di cuenta de que en realidad no lo hacíamos. En algún punto entendí por qué competíamos más que colaborábamos: la gente pensaba que no había suficiente para todos", dijo.

Añadió: "En mi experiencia, uno se esfuerza constantemente por ser visto y encontrar un mentor o un patrocinador (*sponsor*). Pero mientras lo haces, todos tus colegas hispanos hacen lo mismo. Y parece que no hubiese suficientes patrocinadores y mentores para todos".

Con los latinos incorporándose a la fuerza de trabajo a un ritmo cada vez más acelerado, existe la necesidad de cultivar en las organizaciones el patrocinio y la mentoría de los empleados latinos, en particular, en los líderes no latinos. Como ya sabemos, no hay suficientes líderes latinos que puedan guiar y patrocinar a los nuevos talentos latinos, por lo que el apoyo de líderes no latinos se vuelve significativamente importante para el avance de nuestros profesionales.

Como explicó Lorena, "como las empresas son hoy día más abiertas sobre el aumento de la participación de los latinos en el nivel ejecutivo (*C-suite*) y en los Consejos de Administración (*Board*), sabemos que hay mejores oportunidades para nosotros, pero estamos bajo presión viendo cual de nosotros será escogido para recibir mentoría y patrocinio para alcanzar esos puestos", concluyó.

La competencia entre nosotros parece haberse vuelto más feroz últimamente, y este es un tema incómodo que no se ha discutido abiertamente en la comunidad latina.

A medida que hablamos de estos temas, pareciera que estamos entrando en terrenos vulnerables al mostrar nuestros "trapos sucios" al mundo. La verdad es que la latinidad no es la hermandad que desearíamos que fuera, al menos no todavía, y esta fragmentación frena y disminuye tanto nuestro impacto como nuestro poder como comunidad.

Una encuesta realizada entre hispanos en el 2020 por la empresa IBM, a través de su Instituto de Valores de Negocios (*Institute for Business Value*), mostró que solo el 16 por ciento de los encuestados cree que la comunidad hispana está unida. Un amplio 84 por ciento cree que todavía hay mucho trabajo por hacer.

Del mismo modo, hace poco realicé una encuesta anónima entre varios hispanos a través de las redes sociales, y el 80 por ciento de los encuestados afirmó que aún podemos hacer un trabajo mucho mejor para ayudarnos entre nosotros mismos. Lo más interesante es que cuando publiqué la pregunta: "¿Podemos ayudarnos mejor los unos a los otros?", sólo un pequeño grupo se atrevió a expresar su opinión en forma pública, en contraste con una mayoría que permaneció en silencio. Otros pocos me contactaron en privado para compartir sus opiniones.

Parece que tememos tener estas discusiones controversiales porque el precio de lo que está en juego en la discusión es demasiado alto. Con ello, la competencia no solo es real e incómoda de admitir, sino que se convierte en una enfermedad silenciosa.

Antes de continuar, permíteme aclarar algo: No estoy diciendo que *absolutamente ningún hispano esté dispuesto a ayudar a los demás.* Eso sería una afirmación falsa, puesto que muchos en nuestra comunidad dedicamos nuestras vidas a elevar y apoyar a otros. Tampoco estoy diciendo que la competencia y la rivalidad *solo existan dentro de la comunidad hispana,* ya que es una enfermedad bastante universal. Lo que digo es que en general somos una cultura en la que los celos y la competencia parecen estar bastante presentes y nos impiden dar el tan ansiado salto colectivo.

Hace unos años, llevé adelante con un grupo de amigos unas clases en línea que reunían a personas del mundo entero. En esas clases conocí a Adriana Aristizábal, quien compartió conmigo su historia de inmigración y su experiencia de trabajo con otros latinos.

Adriana, ex reportera de guerra en Colombia, llegó a los Estados Unidos porque había sido blanco del grupo terrorista Fuerzas Armadas Revolucionarias de Colombia (FARC). Sin hablar inglés con fluidez, pero con sólidas credenciales que más tarde le abrirían oportunidades como presentadora de noticias y portavoz en múltiples organizaciones, Adriana describe su experiencia de trabajo con los latinos como una de las más desafiantes de su vida adulta.

"Como parte de mi trabajo, solía informar rodeada de paramilitares y guerrilleros terroristas, con balas volando a mi alrededor. Pero nunca me sentí más atacada y vulnerable que cuando pisé suelo estadounidense". Que Adriana exprese que al caminar en medio de las balas se sintió más segura que durante su experiencia inicial con nuestra propia gente, revela lo dura que puede ser esta vivencia para algunos de nosotros.

La competencia se manifiesta de múltiples maneras, pero parece tener una causa común: la escasez. Creemos que no hay suficiente para todos, así que tenemos que luchar por las migajas. Y debajo de toda esta lucha, hay un miedo enraizado que también se propaga por nuestros países latinoamericanos: la pobreza. Debido a que muchos de nuestros ancestros provienen de la pobreza, parece que tratamos de evitar esa experiencia para nosotras mismas a toda costa, aunque sea de manera inconsciente.

No estoy dispuesta a afirmar que los Estados Unidos, la mayor economía del planeta, no nos ofrezca suficientes oportunidades. A pesar de lo que nos digan nuestros lentes de carencia y las narrativas ancestrales, la realidad es que casi ninguna empresa que opere en suelo estadounidense puede seguir haciendo negocios si todos sus empleados latinos renuncian y si todos sus clientes latinos se van. Somos un grupo numeroso que no hará más que crecer.

Tal vez sea el momento de dejar de luchar por esa única silla disponible para un latino o latina, y reclamar colectivamente un número más representativo de sillas asignadas a nuestra comunidad. ¿Cómo? Una vez que consigues una de esas sillas, te vuelves muy intencionada en crear nuevas sillas para que otros latinos se unan a ti. No se trata de caridad ni de pedir favores, sino de una representación equitativa basada en una evaluación imparcial de nuestras capacidades y logros individuales.

Para ser más efectivas a la hora de sanar la competencia entre nosotras, vamos a sumergirnos en las múltiples formas en que se manifiesta este comportamiento competitivo.

CELOS Y CRÍTICAS

Quizá te ha pasado que al ver a otra latina conseguir un ascenso, ganar visibilidad dentro de la comunidad o acceder a un puesto de liderazgo, piensas secretamente, "¿Por qué ella y no yo?"

A mí me pasó. Este es un sentimiento muy humano que muchas de nosotras experimentamos en algún momento.

Lorena expresó que según su experiencia y la de muchas otras latinas con las que se ha relacionado, "los latinos generalmente no nos apoyamos y nos sentimos celosos unos de otros", y añadió, "un primer paso para sanar esto es reconocer lo que sentimos cuando una latina tiene éxito". Debemos estar dispuestas a analizar lo que sentimos sin vergüenza ni culpa.

Cuando decidí mirar más allá de mis celos y la vergüenza asociada con ellos, descubrí que me sentía celosa del éxito de esa otra persona porque en mi interior una parte de mí quería ser como ella y lograr lo que ella había conseguido. También aprendí que proyectar un sentimiento de celos en otra persona era una forma de ocultar el hecho de que no confiaba en mi capacidad de lograr lo que esa persona había conseguido. Como respuesta, resentía el éxito de esa persona como una manera de evitar sentir lástima por mí misma, o de angustiarme por mi autopercepción de carecer del talento necesario para lograr lo mismo.

Cuanto más examinaba mis celos, más me esforzaba por buscar dentro de mí esa claridad para entender qué es lo que quería, y descubrir cómo apoyarme a mí misma para conseguirlo.

BLOQUEAR EL ÉXITO DE NUESTRA PROPIA GENTE

Lucía es directora de una empresa de tecnología. Un día, hablando con una compañera de trabajo que le reportaba a una jefa latina, ésta le dijo haber descubierto recientemente que su jefa no solo no la apoyaba en sus planes profesionales, sino que además no le compartía información o correos que significaran oportunidades de avance para ella.

"Esta actitud de bloquear el éxito de los demás no solo indica que hay inseguridad dentro de ti, sino que también bloquea tu propio progreso", dijo Lucía. Y añadió: "Te centras en frenar a los demás, mientras que deberías centrarte en ascender y dejar que ellos ocupen el puesto que tú tenías hasta entonces. Puedes seguir escalando posiciones y dejar tu actual puesto para la siguiente persona".

Esta es otra versión del "quiero ser la única latina que llegue a este nivel", que termina por perjudicarnos a todas.

NO COMPARTIR LA INFORMACIÓN O LOS RECURSOS

Este comportamiento puede manifestarse de varias formas: al ocultar información a los demás, al no compartir nuestros recursos con otros grupos, o al abstenernos de enviar potenciales clientes a otras latinas.

Yo misma he experimentado una versión de ello. Asistí a una conferencia virtual de Latinas en Negocios (*Latinas in Business*), que tuvo lugar en la costa oeste de los Estados Unidos. Una de las asistentes, una directora gerente latina de un importante banco, no paraba de hablar sobre la importancia de ayudar a otras latinas a alcanzar el éxito. Se jactaba de cómo ella había elevado a otras latinas a lo largo de su carrera, proporcionándoles tutoría y patrocinio. Esta persona estaba ofreciendo ayuda abiertamente a cualquiera de las latinas de la sala.

Inspirada por su espíritu y con una necesidad real de nuevos contratos y nuevos clientes, decidí ponerme en contacto con ella para pedirle orientación sobre cómo posicionar más eficazmente mis servicios en el sector financiero. Después de varios correos electrónicos, varios mensajes en las redes sociales y hasta una presentación directa por correo electrónico de una amiga en común, todavía sigo esperando.

Solía juzgar este tipo de comportamiento, pensando: *"¡Ahora que son el foco de atención, se olvidan de su gente!"*, hasta que comprendí que no era algo personal en mi contra, sino un rasgo cultural con raíces centenarias. Esta persona probablemente podría incluso ser inconsciente al respecto, diciéndose a sí misma que estaba demasiado ocupada para responderme. ¿Quién sabe?

Hay una analogía popular que ilustra el comportamiento competitivo de los humanos, y se llama "Cangrejos en un balde", o el síndrome de *"Si yo no puedo tenerlo, tú tampoco".* Esta metáfora se deriva de los patrones de comportamiento que se han observado con los cangrejos dentro de un balde. Mientras que cualquier cangrejo puede salir del recipiente y escapar fácilmente, los de abajo, en su afán por salir, halan a los de arriba, asegurando de esta manera la extinción de todo el grupo.

Mi experiencia con la directora general latina que mencioné muestra otra cara de la mentalidad del cangrejo, que es *"Ahora que estoy afuera, no miraré hacia atrás".* En nuestra cultura encontramos algunos "cangrejos" que han salido con éxito del balde, pero no miran hacia atrás ni extienden una de sus "tenazas" para ayudar a subir a los otros.

Mi experiencia con esta directora general también me enseñó que yo tenía la expectativa de que como ambas nos identificamos como latinas, ella "tenía" que ayudarme. La realidad es que no está obligada a hacerlo. Cuando entendí esto con claridad, me tocó hacer un trabajo interior para desmantelar mis expectativas de cómo debían comportarse los demás e ir eliminando todos los juicios que aparecieron en el proceso.

"PONERSE DEL LADO DE LOS PODEROSOS": UN INSTINTO DE SUPERVIVENCIA QUE SE REMONTA A LOS TIEMPOS DE LA COLONIZACIÓN

A lo largo de los siglos, y a medida que las diferentes razas y culturas se mezclaban, nuestras tierras latinoamericanas se convirtieron en un crisol de culturas. A medida que la afluencia de inmigrantes aumentaba y se remodelaban las esferas de poder e influencia, los recién llegados se sentían presionados por la necesidad de encontrar idealmente un lugar entre la clase social acomodada, pues los recursos y las oportunidades se encontraban distribuidos dentro de una pequeña burguesía.

Como lo expresó mi muy buena amiga colombiana Melba: "Después de ser colonizados y a medida que nuestra sociedad se transformaba de manera continua con los recién llegados, estar del lado de los poderosos se convirtió en puro instinto de supervivencia. Entre quienes quedaban fuera de esos círculos, esto se consideraba una 'traición' hacia los nuestros, puesto que algunos buscaban ganarse los favores de aquellos con poder, dándole la espalda a su propia sangre".

Que los hispanos asciendan en los rangos corporativos u organizativos y no miren atrás para llevar a otros con ellos puede ser una versión moderna de "ponerse del lado de los poderosos". Como dijo recientemente un latino de sesenta y cinco años, jefe de negocios de una importante corporación de bienes de consumo en una conferencia virtual organizada por *The Hispanic Star*: "Algo de lo que me arrepiento mientras ascendía en el escalafón, es el no haberme detenido a crear espacios para otros latinos. Me sentía incómodo y no entendía del todo por qué. Hace poco me di cuenta de ello y ahora saco tiempo en mi agenda para ayudar a otros latinos a crecer".

Aplaudo su valentía para hacer tal confesión frente a cientos de personas. Hace falta valor para admitir que no hemos sido o no somos lo suficientemente solidarios, y que tenemos nuestros propios prejuicios hacia otros latinos, considerándolos quizá "no ser lo suficientemente buenos para un papel de más responsabilidad", que es, curiosamente, la forma en que muchos se ven a sí mismos cuando se enfrentan a oportunidades de crecimiento. ¿Será posible que proyectemos las creencias limitantes que tenemos sobre nosotros mismos, hacia otros latinos?

Pero hay algo más que proyecciones y prejuicios. Parece que existe un miedo real a recibir un castigo por apoyar a otros latinos.

Un estudio de investigación realizado por David Hekman sugiere que las minorías étnicas y las mujeres líderes son castigadas cuando adoptan comportamientos que valoran la diversidad, es decir, cuando contratan o promueven a otras mujeres o personas de otras minorías. Este estudio sugiere que, "para avanzar en sus propias carreras, las minorías y las mujeres se ven obligadas a evitar comportamientos que otros podrían percibir como la promoción de una mayor representación de personas como ellas".

En otras palabras, las mujeres y las minorías que solo apoyan a personas iguales a ellas pierden credibilidad. ¿Pero los hombres que apoyan a hombres que se parecen a ellos, también pierden credibilidad? No lo creo.

Hay muchas más acciones que las organizaciones pueden tomar para crear una verdadera inclusión, una mayor equidad y una toma de decisiones imparcial.

* * *

Al final del día, la competencia, los celos y el miedo de recibir una penalización desvían nuestra energía de donde en realidad se necesita: para la unificación de nuestros esfuerzos hacia aumentar la representación de los latinos en los espacios de toma de decisiones, y hacia la creación de mayores y mejores oportunidades para los profesionales y empresarios latinos.

Entonces, ¿por dónde empezar a colaborar y unificar fuerzas que nos permitan dar ese salto que nuestra comunidad hispana está lista para dar?

Como directora o ejecutiva de una empresa, ya seas latina o aliada, tú puedes marcar la diferencia al apoyar a tu organización para que supere el miedo a la penalización asociado a la promoción de mujeres y otras minorías. Puedes decidir convertirte en una patrocinadora activa que permita que el talento latino alcance el éxito, tal vez sanando tus propios temores de ser penalizada al hacerlo.

Si estás en los inicios de tu carrera o en el nivel gerencial, un enorme primer paso es reconocer cómo la competencia entre latinas te ha impactado a ti o a tu equipo, y hablar de ello en un ambiente seguro. La única manera de encontrar soluciones colectivas es cuando traemos a la superficie nuestros retos. No podemos cambiar aquello que no vemos, o aquello que decidimos no ver.

Además, recuerda que el mundo siempre te refleja las áreas internas que necesitan atención y sanación. Cada vez que sientas celos hacia una hermana latina, ve a tu interior y mira bien.

¿Qué puedo hacer hoy para apoyarme más en la consecución de mis sueños?

¿Qué puedo hacer hoy para conseguir que otros me apoyen en mi camino?

¿Qué puedo hacer hoy para ayudar a otra latina en su crecimiento?

Hace poco, asistí como oradora a una celebración anual de nuestra herencia hispana en una corporación global, en la que dos jóvenes latinas entrevistaron al Director General de la compañía. Fue reconfortante ver cómo los latinos con más experiencia del equipo organizador se apartaron de este momento de visibilidad personal y dejaron el espacio a las latinas más jóvenes para que dirigieran la entrevista. Se necesita una enorme confianza en sí mismo, una mentalidad de abundancia y un fuerte compromiso con las carreras de otras latinas para tomar esa decisión.

Hay suficiente para todas. Cuando veo a otras alcanzar un gran éxito, reflexiono y me recuerdo a mí misma que: "Si ella pudo, yo también puedo". Cree en lo más profundo de tu corazón que eres lo suficientemente buena y que el mundo es muy abundante, y así será.

PARTE III

COMPRENDIENDO EL IMPACTO DE LOS PREJUICIOS SISTÉMICOS Y EL RACISMO

CAPÍTULO 12

ABORDANDO LOS PREJUICIOS SISTÉMICOS RECONECTÁNDONOS CON NUESTRA HUMANIDAD

Lyda ingresó a la Corte para una audiencia con la autoridad de la Vivienda de la Ciudad de Nueva York.

Se acercó al grupo que se encontraba reunido fuera de la sala del tribunal con sus carpetas llenas de papeles, preparada para una audiencia en la que llevaba meses trabajando. A medida que se acercaba, pudo apreciar que los abogados y sus equipos esperaban de pie fuera de la sala, formando pequeños grupos y revisando los papeles que contenían sus carpetas.

"Buenos días", dijo Lyda al acercarse.

"Buenos días", respondió el grupo, levantando por un momento sus ojos de las carpetas repletas de papeles.

"¿Sabes dónde está el abogado del arrendatario?" le preguntó alguien del grupo. "Empezaremos en cualquier momento".

"Yo soy la abogada", les respondió Lyda.

"¡Ah!", manifestó la persona, dejando notar su sorpresa durante una fracción de segundo.

Sorpresa, una vez más. Seguramente la habían confundido con el personal del juzgado o con la asistente jurídica. Esto le ocurría demasiado frecuentemente porque la gente no suele encontrar muchas abogadas latinas en los tribunales. Un informe de la Asociación Nacional de Abogados Hispanos indica que las latinas representan menos del dos por ciento de todos los abogados, y se calcula que ocupan menos del cinco por ciento de los puestos judiciales.

Esta mujer nacida en Colombia a la que le encantaba llevar bonitos vestidos, y que se alejaba de los trajes azules y negros, no era lo que el grupo se imaginaba sobre cómo se veía y vestía una abogada.

Todos ellos se habían dejado engañar por sus prejuicios.

* * *

El Diccionario Oxford (Oxford Advanced Learner's Dictionary) define el término prejuicio como el "preconcepto a favor o en contra de una cosa, persona o grupo en comparación con otro, y generalmente de una manera considerada injusta".

Sin excepción, todos estamos afectados por prejuicios y estereotipos inconscientes.

Los prejuicios son tan antiguos como los humanos que deambulan por la tierra. Hace mucho tiempo, los prejuicios eran fundamentales para la supervivencia. Al vivir en tribus separadas de otras comunidades por la inmensidad del terreno que habitábamos, nuestros cerebros funcionaban en modo alerta cuando veían a alguien que parecía diferente. Los prejuicios nos mantenían a salvo.

Una versión moderna de los prejuicios es la que organiza a las personas en cajas y les coloca etiquetas. Como informa la organización Lean In, "Como nuestro cerebro recibe más información de la que puede procesar, utilizamos atajos mentales para simplificar el mundo que nos rodea, lo que es lo mismo decir que nos basamos en estereotipos".

Las latinas han sido especialmente afectadas por los estereotipos. Por lo general, se nos ha considerado por nuestros atributos físicos en detrimento de nuestras capacidades intelectuales. Es suficiente hacer una búsqueda rápida del término "latinas" en cualquiera de las plataformas en los medios sociales para saber a lo qué me refiero.

Cynthia Trejo, a quien presenté brevemente en el Capítulo 3, tuvo una experiencia particular con los prejuicios y los estereotipos. Cynthia es una latina de tercera generación nacida en los Estados Unidos, de ascendencia mexicana, que se trasladó de su ciudad natal El Paso, Texas, a Arkansas por el trabajo de su esposo. Cuando se estaba mudando a su nueva casa arrendada, el propietario, un hombre blanco no hispano, se acercó mientras ella colgaba en la pared un tapete muy colorido típico del suroeste.

"¡Que bello tapete ese que cuelgas!", le dijo el propietario.

"Gracias", respondió Cynthia sin girar para verlo.

"Sabes", continuó el propietario, "mi hermano se casó con una mexicana. Una buena mujer. Y *también* es inteligente..."

Sorprendida y molesta por el comentario, Cynthia se dio la vuelta para responder. Su marido, que estaba de pie detrás del propietario, empezó a agitar los brazos pidiéndole con ese gesto que no dijera nada. Cynthia quería explicarle que la alfombra no era mexicana, que ella tampoco lo era, y que su comentario de que una mujer mexicana era sorprendentemente inteligente estaba totalmente fuera de lugar. Pero siguió el consejo de su marido y se mantuvo callada.

El estereotipo de que una latina no es demasiado inteligente o preparada, afecta enormemente a las inmigrantes latinas, quienes nos encontramos con la necesidad de demostrar nuestra inteligencia más allá de nuestros acentos. Este ejemplo que mencioné ha sido la experiencia de muchas latinas inmigrantes altamente preparadas, aún cuando hemos tenido carreras exitosas en nuestros países de origen.

Lorena, la ejecutiva farmacéutica que había alcanzado una carrera estelar en México, explicó que mudarse a los Estados Unidos significó empezar casi desde cero.

"En el trabajo tenía una desventaja", me explicó Lorena, "porque los veinte años anteriores de experiencia no habían sido en los Estados Unidos. Parecía que el trabajo que había hecho en México no contaba aquí, y tuve que empezar casi de cero y demostrar que conocía el trabajo y a lo que me refería".

La experiencia de Lorena me era familiar. Los prejuicios y los estereotipos me acompañaron en mi primer trabajo en los Estados Unidos en el 2004.

"Vamos a repasar el estado de los últimos proyectos", dijo Natalie por teléfono a los ocho empleados de la empresa bancaria Citi, que llamaban desde distintos lugares. Era mi tercera semana en el trabajo. Mi jefa había sido operada y yo estaba sola resolviendo un proyecto que no estaba bajo mi dirección.

"*Valaria*, ¿quieres empezar?" me preguntó Natalie, pronunciando mal mi nombre. Lo dejé pasar.

Hablé brevemente del proyecto, y al hacerlo me equivoqué en la pronunciación de algunas palabras y no fui del todo clara.

Natalie perdió rápidamente la paciencia, me interrumpió, y empezó a bombardearme con preguntas a diestra y siniestra. Hice lo mejor que pude, pero me di cuenta de que algunas de mis respuestas fueron quizá un poco vagas ya que no tenía toda la información. Ni siquiera estaba segura de si estaría bien decir "no lo sé". Era mi primera experiencia en los Estados Unidos, y me habían lanzado al escenario sin tiempo ni orientación para memorizar las líneas.

"Valaria, ¿entendiste o no mi pregunta?"*, inquirió con un tono desagradable, y luego hizo una pausa. De repente, la línea telefónica quedó en absoluto silencio.

"No, no la entendí", dije, haciéndome más pequeña. Me sentí avergonzada y abochornada.

Natalie tuvo una actitud similar durante la siguiente llamada. Era amable con todos los demás empleados y bastante desagradable conmigo, la única latina y la única persona con acento.

Muy frustrada por la situación y molesta por la forma en la que me estaba tratando, decidí tomar medidas. A la tercera llamada, ya había averiguado que su escritorio estaba siete pisos por encima del mío, así que ese día fui a trabajar con mi mejor traje. Llamé desde mi escritorio como siempre.

Su actitud no fue diferente a la de los días anteriores: desagradable. Inmediatamente y después de colgar tomé el ascensor hasta el piso de Natalie. Sabía que estaba en el ala izquierda del edificio. Me acerqué a la recepcionista y le pregunté dónde se ubicaba esta mujer. Me indicó cómo llegar a su oficina.

Me quedé en la puerta de la oficina de Natalie mientras ella, una joven blanca, estaba inclinada sobre unos papeles. Inmediatamente levantó la vista.

"Buenos días Natalie, soy Valeria", le dije en inglés, parada con una cara muy seria junto a su puerta. Me sentía nerviosa. Ella era una mujer blanca estadounidense con un puesto de gerente, y yo era una inmigrante latina bastante recién llegada y con una visa de trabajo temporaria. Me sentía en desventaja.

Natalie se veía sorprendida. Me di cuenta de que se esforzaba por conectar en su mente mi voz con mi aspecto: una mujer blanca de ojos azules, alta y delgada, impecablemente vestida ante su puerta. Natalie estaba en shock. Me di cuenta de que se había dejado llevar por sus prejuicios y estereotipos sobre el aspecto que una latina debe tener.

"Oh... *Valaria*... ¡qué gusto conocerte en persona!", murmuró, mirándome con ojos grandes y redondos, y sin saber qué más decir.

"Es un placer", le respondí. "Solo quería pasar a saludar, pues llevamos varias semanas trabajando juntas. Es un placer conocerte, Natalie", repetí.

"Para mí es también un placer conocerte", su tono era amistoso, a diferencia del utilizado por teléfono.

"¿Qué tal si vamos a almorzar un día de estos?", me preguntó.

Nuestro almuerzo nunca sucedió, pero la forma en que me hablaba cambió después de ese día. Se mostró respetuosa, paciente e incluso amable. Esta experiencia me hizo pensar en qué es lo que habría pasado si mi aspecto fuese más "latino", y hasta el día de hoy, he estado reflexionando sobre lo que mis hermanas latinas de piel más oscura deben soportar a diario.

Con el paso del tiempo y al recordar lo sucedido, a veces desearía haber establecido unos límites más firmes y haberle hecho saber a Natalie que me sentía incómoda por la forma en que me hablaba. Pero era bastante nueva en los Estados Unidos y tenía miedo de hablar. Una década más tarde me enfrenté a una situación similar con un hombre blanco, y al contrario de lo que ocurrió con Natalie, me defendí y le dije mi verdad. A él no le gustó nada, pero me sentí orgullosa de haberlo hecho.

Los límites son importantes, incluso cuando el resultado no parece ser favorable. Denunciar estos hechos es lo que impulsará el cambio sistémico con el tiempo, aunque no lo veamos de manera inmediata.

EN LOS ESPACIOS DONDE HAY PREJUICIOS COMIENZAN A APARECER LAS MICROAGRESIONES

Las microagresiones se definen como indignidades verbales o ciertas conductas, intencionadas o no, que comunican actitudes hostiles, despectivas o negativas hacia grupos estigmatizados o culturalmente marginados.

La mayoría de las latinas con las que hablé se enfrentaron a microagresiones de múltiples formas, muchas veces involuntarias –como en la historia de Cynthia cuando el propietario comentó que su cuñada era inteligente a pesar de ser mexicana–, y otras veces como cumplidos o bromas.

Una forma muy dañina de microagresión tiene lugar cuando hablamos en una reunión y se nos ignora por completo. Esto ha estado sucediendo en ambientes profesionales en general cuando las latinas expresan su opinión. O, verdaderamente, cuando cualquier mujer da su opinión. La reunión avanza sin que se tenga en cuenta o se reconozca nuestro aporte, o nos interrumpen y no podemos terminar nuestra frase, o un hombre presente en la mesa de reunión reformula lo que acabamos de decir hace un minuto y recibe un "¡Qué gran idea!".

Lucía trabajaba en una empresa de servicios financieros. Llevaba quince años trabajando en una compañía de seguros cuando decidió incorporarse a esa organización financiera en un puesto ejecutivo por encima del nivel de director.

Mientras estaba sentada en una reunión rodeada de ejecutivos, la mayoría de ellos hombres blancos, se sentía incómoda. Se decía a sí misma: "No pasa nada, solo te estás desafiando, solo estás creciendo". Cuando hablaba en una reunión donde había cinco o seis hombres blancos de una experiencia similar a la suya, ellos se limitaban a seguir hablando. No escuchaban lo que ella decía, o parecían escuchar y luego seguían adelante sin tener en cuenta su opinión.

Otra mujer a la que llamaré Virginia, tuvo una experiencia similar en una empresa en California. Llevaba tres años detrás de una idea, sugiriéndosela al equipo ejecutivo. No fue hasta que Virginia llevó a una de esas reuniones a un hombre blanco, que acababa de contratar reportando a ella, para que presentara esa misma idea, que el equipo ejecutivo la reconoció como "brillante" y decidió ponerla en práctica.

> *Los prejuicios son una enfermedad muy extendida.*
> *Además, cuando posees narrativas culturales limitantes,*
> *los prejuicios las magnifican.*

Sea lo que sea con lo que estés lidiando: carencia, falta de merecimiento o perfeccionismo, los prejuicios los harán más notorios, haciéndote sentir muy incómoda. Por ejemplo, si eres demasiado dura contigo misma y además te enfrentas al silencio, la falta de consideración o el rechazo irrespetuoso cada vez que expresas una opinión en una reunión, probablemente te tortures preguntándote qué es lo que está mal contigo y qué es lo que necesitas cambiar. Los prejuicios magnificarán cualquier sentimiento interno de limitación y harán que tus voces críticas sean más fuertes, disminuyendo tu autoestima.

Cada vez que los prejuicios aparecen, tenemos la oportunidad de mirar más profundamente dentro de nosotras e identificar qué es lo que necesitamos sanar. ¿Necesitamos trabajar nuestra autoestima? ¿Necesitamos defender nuestras ideas y hacernos escuchar? ¿Necesitamos establecer nuevos límites en el trabajo? ¿O necesitamos encontrar una cultura diferente que se ajuste mejor a lo que somos?

PARA UN MEJOR DESEMPEÑO ORGANIZACIONAL, ES NECESARIO ABORDAR LOS PREJUICIOS Y LAS MICROAGRESIONES

Las organizaciones que abordan intencionadamente los prejuicios y las microagresiones pueden ver un impacto positivo en su moral, contratación de talentos e imagen pública. Esto será cada vez más importante a medida que nos convertimos en una fusión de culturas.

Un informe del censo muestra que en el año 2060, a diferencia de hoy, ningún grupo racial representará más del cincuenta por ciento de la población estadounidense. Los blancos no hispanos rondarán el cuarenta y cuatro por ciento y los hispanos el veintiocho por ciento. Además, el porcentaje de personas que se identifican con dos o más razas se triplicará. La diversidad racial impregnará mucho más todas las esferas de la sociedad y las regiones geográficas.

Asimismo, las empresas que acepten y promuevan la diversidad seguirán creciendo. Un informe de una investigación realizada en el 2020 por la Red de Mujeres Ejecutivas -*Network of Executive Women*- muestra que las empresas con un equipo ejecutivo más diverso en lo cultural y racial, tienen un treinta y tres por ciento más de probabilidades de obtener ganancias superiores al promedio. El mismo informe muestra que las empresas con directorios diversos tienen un cuarenta y tres por ciento mayor de probabilidades de obtener ganancias por encima del promedio.

Hay una correlación directa entre la diversidad y la ganancia económica.

---

* * *

Como latinas, estamos llamadas a ser más activas para ayudar a nuestras organizaciones a abordar los prejuicios existentes. Cuando denuncies los prejuicios y las microagresiones, evalúa también si hay una oportunidad para trabajar en tus propios prejuicios.

Nadie es inmune. Todas estamos invitadas, ahora más que nunca, a mirar dentro de nosotras mismas con compasión por nuestras perspectivas culturales y juicios hacia aquellas personas que son diferentes a nosotras. Al mirar en nuestro interior, probablemente descubramos que esos prejuicios han sido heredados o aprendidos mientras crecíamos. Y de la misma manera que los adquiriste durante el proceso de crecimiento, puedes empezar a dejarlos ir.

ENFRENTEMOS LOS PREJUICIOS PARA SANARLOS

Aún cuando el prejuicio de otras personas hacia nosotras sea inconsciente, enfrentarlo con respeto y amabilidad se convierte en un paso imprescindible para sacarlo a la luz e iniciar un cambio sistémico. Deja de lado tu necesidad de estar a la defensiva, permítete ser auténtica y habla desde tu corazón.

"Cuando haces bromas sobre mi pelo o mi ropa delante de otros, me siento incómoda. Te agradecería que no lo hicieras más".

"Les agradecería que me dejaran terminar de presentar mis ideas antes de pasar a otro punto".

"¿Qué tengo que hacer, específicamente, para ser tomada en cuenta para un ascenso la próxima vez?"

Esto puede resultarnos incómodo, sobre todo porque una de nuestras creencias culturales es que si hablamos de lo que nos pasa podemos originar conflictos. Enfrentar el problema no significa necesariamente que causaremos un conflicto. Si lo abordamos de forma respetuosa, lo peor que puede pasar es que el asunto no se resuelva de acuerdo con tus expectativas, lo cual es buena información para decidir tus próximos pasos profesionales y el tipo de entorno que mejor se ajusta a tus valores y aspiraciones.

ENCUENTRA ALIADOS QUE ESTÉN DISPUESTOS A ENFRENTAR LOS PREJUICIOS EN TU ORGANIZACIÓN

La única manera de lograr un cambio sistémico a gran escala es trabajando juntos, más allá de nuestro género, raza, orientación sexual, y demás.

Creo que eso es posible. Un estudio de percepción realizado por *We Are All Human* en el 2020 muestra que el setenta y cinco por ciento (75%) de los estadounidenses ven a los hispanos como contribuyentes positivos para el país. Es hora de que nos alejemos del ruido mediático que ha pretendido sembrar la división. Una nueva era de colaboración y apoyo mutuo se está abriendo ante nuestros ojos.

Si eres un aliado, algo que puedes hacer en estos casos es defender a la mujer que se enfrenta a prejuicios y microagresiones. Para aquellas de nosotras cuyas voces están siendo ignoradas en la sala, hace una gran diferencia cuando alguien como tú se levanta y dice: "Quiero volver a lo que Valeria acaba de decir. Creo que es importante". Mientras lidiamos con la vergüenza de ser ignoradas en reuniones multitudinarias, es reconfortante notar que alguien nos ve y nos escucha.

PERMITÁMONOS RECONECTAR CON NUESTRA HUMANIDAD

Creo que estamos comenzando a salir de una crisis de siglos. En ella tuvieron lugar todo tipo de terribles desastres humanos, como la esclavitud, la colonización, el genocidio y muchos más. A lo largo de ese tiempo, nuestro planeta experimentó un progreso económico y un avance técnico sin precedentes que captaron nuestra atención y nos distrajeron de lo que realmente podrá poner fin a nuestra división: conectarnos con nuestra esencia interior.

Hace algunos años asistí a una conferencia en California. Allí, tuvimos la oportunidad de hacer un ejercicio en el que debíamos caminar por la sala, encontrar a un desconocido y quedarnos durante unos segundos mirándonos a los ojos sin decir palabra, y luego pasar a la siguiente persona. La tarea consistía en *mirar de verdad*.

Mientras caminaba, hice conexión con personas de diversos países, razas y culturas. Fue bastante incómodo al principio, pero superamos la incomodidad inicial y nos miramos profundamente a los ojos, solamente enfocados en mirar a los ojos del otro.

Fue una de las experiencias más transformadoras que recuerdo. Conectar con la verdadera esencia de alguien a través de su mirada, empezó a derretir todas las tensiones y diferencias, y una profunda sanación tuvo lugar. Nuestros ojos decían "perdóname", "te quiero", "somos uno". Estábamos plenamente presentes en el momento: sin resentimiento, sin enojos, sin tensión.

Me pregunto cómo se disolverían y sanarían nuestras enfermedades sistémicas si nos permitiéramos una vez más volver a ser humanos.

CAPÍTULO 13

ENFRENTANDO LOS PREJUICIOS SISTÉMICOS COMENZANDO POR NOSOTRAS MISMAS, EN LUGAR DE INTENTAR CAMBIAR A LOS "OTROS"

———

Mariela, la bella mujer trigueña de cuarenta y algo de años, líder en el sector de cadena de suministros, y a quien ya mencioné en el capítulo de los "traductores", es una de las mujeres a la que más admiro por su corazón genuino y su continua búsqueda de crecimiento y transformación. Su trayectoria es fascinante.

Nació en la zona rural del Chaco, en Argentina, una tierra de bosques secos y subtropicales que tiene las temperaturas más altas del continente latino americano y que se caracteriza tanto por sus suelos rojizos y agrietados como por su pobreza.

Conozco a Mariela desde hace unos quince años. Trabajábamos para la misma empresa y éramos dos de las pocas latinas -y las únicas argentinas- en ese edificio. Trabajábamos mucho y también sabíamos divertirnos. En algún momento empezamos a disfrutar de tiempo juntas fuera del trabajo: compartíamos asados argentinos y asistíamos a las fiestas de cumpleaños de nuestros hijos, pero nunca nos habíamos sentado a hablar de nuestras historias como inmigrantes, al menos hasta ahora.

"Mis padres se mudaron a los Estados Unidos cuando yo tenía once años", me contó Mariela aquel día en que nos conectamos vía Zoom para charlar sobre su historia, luciendo un vestido azul impecablemente confeccionado.

"¿Te imaginas mudar a tu familia de tu tierra, lejos del resto de tus seres queridos, para empezar en un país extranjero a casi diez mil kilómetros de distancia? A mí me parece increíble", me dijo Mariela.

Mientras a través de la pantalla miro las fotos enmarcadas de sus dos hijos pequeños, cuidadosamente colocadas en su escritorio de caoba, Mariela continúa: "Mis abuelos se habían trasladado de Ucrania a Argentina para escapar de la Segunda Guerra Mundial. Se instalaron en Argentina buscando un lugar donde pudieran criar tranquilamente a sus hijos. No tenían servicio eléctrico en la casa y dependían de un generador para mantener lo básico. Estamos hablando de los años 80".

Esto no es inusual para muchas familias del Chaco, una provincia que se encuentra lejos de Buenos Aires, la capital del país; lejos en la distancia física, y lejos de las oportunidades de educación y trabajo que están disponibles mayormente en esa capital.

Mariela prosiguió compartiendo conmigo los recuerdos de su infancia. "Mis abuelos vivían en una granja donde criaban ganado y cultivaban algodón, y yo les ayudaba a ordeñar las vacas por la mañana temprano", dice. "Tengo los mejores recuerdos de aquellos tiempos. Era un mundo tan diferente al que mis hijos experimentan aquí en los Estados Unidos".

Me identifico plenamente con ese comentario de Mariela. Nuestros hijos se están criando un poco alejados de la realidad de nuestros países de origen, lejos de las calles sin pavimentar y de la sencillez con la que algunas de nosotras crecimos.

"¿Por qué tus padres decidieron mudarse de Argentina a los Estados Unidos?" le pregunté.

"Buscaban un futuro mejor, donde la pobreza no fuera inevitable o sistémica. Unos primos de mis padres se habían trasladado a los Estados Unidos unos años antes, y convencieron a mis padres para que se unieran a ellos. Decían que el trabajo era intenso, pero que había oportunidades de progresar. Tenían toda la razón", añadió.

"Mis padres sólo tenían la visión de darnos a mí y a mis hermanos gemelos las mejores oportunidades posibles de una educación formal y de tener acceso a una vida buena y feliz sin mayores dificultades", señaló Mariela.

"Trabajaron muy duro", continuó. "Mi madre empezó a limpiar casas y mi padre se encargó de varios proyectos de construcción. Yo les ayudaba tanto como podía, sobre todo con el idioma".

Así fue como me enteré de que Mariela se había convertido en la traductora de sus padres, historia que compartí en el Capítulo 8.

"Sus sacrificios me permitieron terminar la escuela secundaria y ser la primera de mi familia en asistir a la universidad, la cual pagué con mi propio esfuerzo ya que trabajé mientras estudiaba", dijo Mariela mientras sus ojos brillaban con intensidad, mostrando lo mucho que ama a sus padres y lo orgullosa que se siente por la ética de trabajo que heredó de ellos.

"Cuéntame un poco más sobre tu experiencia de ser la primera en conseguir profesionalmente algo inimaginable para tus abuelos o tus padres", le pregunté. "¿Cómo fue tu trayectoria de ascenso profesional?".

Mariela hizo una pausa por un segundo, se sentó más recta en su silla de cuero negro, respiró profundamente y confesó: "Hubo mucho ensayo y error. Aprendí mirando a otras personas, observando mucho. Y aprendí de mis errores".

No pudo permitirse el lujo de pedir consejo a sus familiares o amigos. Estaba abriendo nuevos espacios.

"Tuve muy buenos mentores, en su mayoría hombres por quienes siento admiración hasta estos días. Me dieron comentarios sinceros, del tipo que a veces no quieres oír, y eso lo aprecio. Me hicieron críticas constructivas y muchas veces me dijeron esas verdades que mis amigos no me dirían".

Luego de una pausa intencionada me miró y agregó: "Pero aparte de mis mentores, el camino se hizo más solitario a medida que ascendía en mi carrera profesional".

Mariela, como ejecutiva latina que desempeña un papel destacado en el área de suministros en la industria farmacéutica, es una minoría dentro de una minoría. Una publicación del Foro Económico Mundial del 2020 indica que las mujeres representan menos del treinta por ciento (30%) de los directores ejecutivos de las principales empresas farmacéuticas, a pesar de que se contrata por igual a ambos sexos para los puestos de entrada. Y un artículo de Ajilon indica que en el ámbito de suministros, los hombres ocupan el ochenta por ciento (80%) de los puestos de trabajo. El área de suministros no es una profesión a la que accedan las mujeres, y en el sector farmacéutico, llegar a la cima es muy poco habitual, más aún para una inmigrante latina.

El artículo de Ajilon señala una interesante paradoja: la cadena de suministros suele requerir aptitudes más avanzadas, como el trato con la gente y la comunicación –las llamadas "habilidades blandas"–, en lugar de limitarse al ser experto en el tema y a los conocimientos técnicos. Y "las mujeres, por lo general, suelen estar mejor equipadas que los hombres en este sentido".

Según la experiencia de Mariela y la de tantas otras latinas con las que he hablado, parece que se nos considera excelentes hasta los niveles gerenciales. Luego nos convertimos en "inadecuadas" para los niveles de dirección o superiores. A menudo se nos tacha de demasiado directas, demasiado emocionales, y los hombres presentes en la reunión pueden sentirse fácilmente inseguros si una ejecutiva, y como en el caso de Mariela, una mujer inmigrante joven e inteligente, les hace una pregunta directa.

Mariela lo explica así: "A medida que ascendía en mi carrera profesional, los comentarios eran: *'Preguntémosle a Mariela, es genial en esto. Trabajemos con ella, es fantástica. Habla español, y además hará que las cosas sucedan, contra viento y marea'*". Cuando empecé a ascender aún más, no parecía haber un límite. Sin embargo, ahora, en el nivel que he alcanzado, algo ha cambiado".

Me cuenta que tras más de veinte años en su profesión es muy consciente de sus capacidades. También es consciente de las áreas en las que necesita mejorar. Describe esas áreas como: "mi franqueza y mis formas muy directas de dirigirme a los demás". Otros líderes de la organización en la que trabaja, en su mayoría hombres no pertenecientes a alguna minoría, se lo han señalado.

Mariela prosigue: "Estoy trabajando en mi franqueza. Soy directa, pero también amable y respetuosa. Me han dicho que tengo que trabajar en mi forma de expresión. Eso puede ser frustrante a veces, porque no hay un sesgo hacia mis resultados en el trabajo, pero sí hacia mi forma de expresarme".

Mariela no es la única con este problema. La organización *Lean In* describe lo que recientemente se ha denominado sesgo de agradabilidad: esperamos que los hombres sean asertivos, así que cuando toman la iniciativa y se expresan en forma directa, nos parece natural. Por el contrario, esperamos que las mujeres sean agradables y amables, así que cuando se imponen, a menudo solemos reaccionar de forma desfavorable. Nos gustan menos y las calificamos de intimidantes, demasiado agresivas o mandonas.

Por otro lado, y para complicar más las cosas, las mujeres también pagan una penalización por ser agradables. Cuando las mujeres son vistas como agradables y simpáticas, a menudo las consideramos menos competentes. Este doble sesgo hace que el lugar de trabajo se transforme en un reto complicado para las mujeres a medida que ascienden en el escalafón. Todas las personas en general, incluyendo las mujeres, caen en esta trampa de prejuicios hacia otras mujeres, y suelen ser por lo general inconscientes de ello.

Un informe de la Red de Mujeres Ejecutivas - *Network of Executive Women*- del 2019 llama a este comportamiento como "latinismo" ("*latina-ness*"). Las latinas encuestadas en esa investigación expresaron: "Si quieres ascender no puedes tener emociones. Tienes que poner cara de póquer y hablar en un tono monótono". Muchas de estas líderes latinas describen cómo su latinismo es demasiado para la cultura corporativa. "Desde los gestos hasta el atuendo, a las latinas se les dice que son 'demasiado coloridas' o 'demasiado expresivas' y se les pide que 'bajen el tono'".

Como consecuencia y como lo indica un informe del 2016 publicado en *Harvard Business Review*, un llamativo setenta y seis por ciento (76%) de los latinos (mujeres y hombres) entrevistados expresan que necesitan esconder su verdadera personalidad en el trabajo. Esto puede ser peor para las latinas inmigrantes. Lo sé muy bien porque he pasado por ello. Me esforzaba tanto en reprimir mis sentimientos y en mantener un tono monótono y sin emociones cuando estaba en reuniones de trabajo, que el esfuerzo de reprimirme me causaba migraña. Mi cuerpo era un volcán a punto de erupción, y todo lo que yo seguía haciendo era empujar esas emociones hacia abajo, reprimiéndolas, afectando así tanto mi cuerpo como mi bienestar emocional.

Que sólo una de cada cinco latinas, según este informe, sienta que puede ser ella misma en su trabajo es más que preocupante, porque reprimirse de esta manera puede ser perjudicial para el bienestar de la persona, y daña la moral de la empresa así como su posibilidad de retener el talento profesional.

Mariela es muy consciente de la discriminación sistémica que debe enfrentar a diario. Se debate entre dos polos: seguir adelante, incluso cuando algunos días siente que está nadando contra corriente, o buscar un nuevo espacio donde se le valore por quien es y no se espere que cambie o "baje el tono".

Mientras tanto, Mariela tomó en sus manos hacerse completamente responsable de cómo se siente ante esta situación, y la utiliza como una oportunidad para convertirse en una líder más eficaz.

Expresó que se encuentra en medio de un despertar. Se está centrando primero en sí misma, y está trabajando en sus propios asuntos mentales y emocionales. Mariela está aprendiendo a no permitir que los acontecimientos externos la desequilibren emocionalmente, y lo está haciendo de diversas maneras.

En primer lugar, se toma un tiempo diario para conectarse consigo misma y con sus sentimientos y emociones. Esto suele ocurrir mientras se ejercita físicamente. Varias veces ha llorado mientras utilizaba su cinta caminadora, y afirmó sentirse aliviada por la oportunidad de dejar salir las emociones acumuladas en su interior.

En segundo lugar, está trabajando activamente en su estilo de liderazgo. Está recibiendo formación en liderazgo y coaching personal, y recientemente se ha unido a una organización que le da la oportunidad de conectar con otras mujeres en su área de trabajo. En ese espacio seguro comparten entre ellas las situaciones a las que se enfrentan a diario. Mariela ha encontrado una tribu fuera del trabajo.

En tercer lugar, está bien enfocada en la idea de "desprogramarse". En sus propias palabras, "A las mujeres se nos enseñó que este es un mundo de hombres, un mundo duro. Así que intento recordar que está bien ser vulnerable y mostrar un lado más suave. Pero no siempre me lo he permitido porque me ha resultado intimidante ser la única mujer en la sala".

Por último, se toma el tiempo necesario para recordarse el camino que ha recorrido. Aprendió a honrar sus comienzos humildes y a reconocer todo lo que ha conquistado y superado para llegar a donde está ahora. Su capacidad para moverse entre dos mundos la ha enriquecido profundamente. "Estoy aprendiendo a gestionar ese nivel gerencial alto (C-suite), y al mismo tiempo, puedo ir a la planta y conectar con la gente que allí trabaja; y me refiero a conectar de verdad. Puedo relacionarme con ellos porque venimos del mismo lugar", comparte con orgullo.

Tener el valor de ser vulnerable en esas reuniones requiere que tú misma reconozcas que no eres perfecta y que no tienes todas las respuestas. Implica hablar con autenticidad desde un lugar más profundo dentro de ti, buscando conectarte con los demás en el proceso de comunicación. La vulnerabilidad no tiene nada que ver con ser mujer u hombre, es un estilo que cualquiera puede desarrollar. Por fin nos estamos dando cuenta de que no necesitamos funcionar como máquinas invencibles, y que está bien ser simplemente... humanos.

La historia de Mariela ejemplifica cómo, independientemente de lo que ocurra a nuestro alrededor, siempre podemos centrar nuestra energía en trabajar con nosotras mismas en lugar de realizar esfuerzos inútiles para intentar cambiar a los demás. Ella es un gran ejemplo de la valentía que se requiere para mirar aquello que nos incomoda y para permitirnos sentirlo.

Unos meses después de esta entrevista, Mariela decidió cambiar de trabajo. Se conectó con su corazón dejando a un lado sus miedos, y reconoció lo que realmente quería de la vida y del trabajo. Esta búsqueda la llevó a aceptar que no estaba en el lugar adecuado. Eso es lo que el amor propio puede hacer por ti: te llevará a no tolerar el abuso o la falta de respeto, y serás capaz de defenderte a ti misma pase lo que pase.

Mariela ha encontrado recientemente un nuevo espacio que la acepta por quien es y que acoge a su yo pleno en la sala de reuniones. Su antigua empresa perdió, y Mariela y su nuevo empleador acaban de ganar a lo grande.

El poderoso y sanador proceso de explorar tu interior puede ser incómodo, así que ¿para qué endulzarlo? Es como quitar una curita y aplicar alcohol sobre la herida. Al principio dolerá, pero eventualmente comenzará a sanar.

Hay una enorme curita que nuestra comunidad ha dudado en quitarse. Esa curita esconde la herida de la fragmentación y el racismo entre los latinos. Todavía no hemos hablado de este tema que ha herido a nuestra *familia* durante demasiado tiempo. Es hora de tener esta conversación incómoda y a la vez profundamente sanadora.

CAPÍTULO 14

NUESTRA FRAGMENTACIÓN Y DISCRIMINACIÓN RACIAL: LA LATINIDAD ES DIVERSA, PERO AÚN NO INCLUSIVA

———

"Los hermanos sean unidos porque esa es la ley primera;
tengan unión verdadera en cualquier tiempo que sea,
porque si entre ellos se pelean, los devoran los de afuera".

—JOSÉ HERNÁNDEZ, AUTOR DE MARTÍN FIERRO

SOMOS DIVERSOS, PERO AÚN NO INCLUSIVOS

Creo que una de las tantas razones por las que no encontramos un gran porcentaje de latinos o latinas en posiciones de influencia y liderazgo es nuestra desunión. Somos una cultura muy diversa que históricamente ha enfatizado las diferencias entre sus miembros y no ha logrado abrazar las similitudes.

Un estudio sobre el sentimiento hispano del 2018 realizado por *We Are All Human*, muestra que el sesenta y dos por ciento (62%) de los hispanos encuestados piensa que nuestra comunidad no está unida y no habla con una sola voz. Al quedar atrapados en nuestras diferencias y estereotipos, aparecen las etiquetas y la división:

"Ella es de México. Yo soy de Argentina. No somos iguales ni compartimos las mismas raíces".

"Es una inmigrante que no habla bien el inglés. ¿Cómo es posible que esté en los Estados Unidos y no haya aprendido el idioma?"

"No habla bien el español, ¿cómo es que sus padres no le enseñaron el idioma del que debemos estar orgullosos?"

"Es de piel muy oscura. No parece latina, no es de las nuestras".

Debido a nuestra diversidad racial, cultural y socioeconómica, los prejuicios inconscientes están muy presentes en nuestra comunidad. Como esos prejuicios nos llevan a rodearnos mayormente de aquellos que se parecen a nosotros y piensan como nosotros, nos estamos haciendo un gran daño colectivo al no reconocer que nuestra diversidad es nuestro súper poder y no una discapacidad.

DECODIFICAR NUESTRA DIVERSIDAD PARA DEVELAR NUESTRO SÚPER PODER

Los latinos procedemos de veintitrés países, cada uno de ellos con culturas diferentes y variaciones en el idioma. Entre esos veintitrés países, México ha aportado la mayor corriente migratoria por su proximidad con los Estados Unidos.

Un informe de Investigación *Pew Research* del 2017 indica que de los sesenta millones de hispanos que viven en los Estados Unidos, aproximadamente el 60 por ciento afirma ser de origen o ascendencia mexicana. Esta podría ser la razón por la que los no hispanos muestran sorpresa cuando algunos de nosotros no encajamos en el estereotipo de una persona "mexicana", si es que existiese tal esterotipo. A los mexicanos les sigue un 10 por ciento de puertorriqueños, y el 40 por ciento restante proviene de otros países, encabezados por El Salvador, Cuba, República Dominicana, Guatemala y Colombia.

También nos encontramos con los nacidos en los Estados Unidos frente a los latinos nacidos en el extranjero que llegaron como inmigrantes. Estos dos grupos no siempre se consideran iguales entre ellos. El informe muestra que el 65 por ciento de los hispanos en Estados Unidos, han nacido en este país.

Somos una verdadera fusión de culturas: nacidos aquí versus inmigrantes. Solo español, solo inglés, o bilingües. Acento versus sin acento. Mexicanos frente a caribeños frente a sudamericanos. Legalizados versus indocumentados.

En cuanto a este último grupo, existe una idea errada y generalizada sobre el porcentaje de hispanos que son indocumentados. Un estudio de *Hispanic Perception*, cuya muestra incluyó a más de dos mil hispanos y no hispanos, señala que los entrevistados tienen la percepción general de que el 60 por ciento de los hispanos residentes en el país son indocumentados. En realidad, es casi lo contrario. El informe de Investigaciones *Pew Research* del 2017 muestra que más del 86 por ciento de los hispanos son en realidad ciudadanos estadounidenses o residentes legales, y que los indocumentados solo representan un poco más del 13 por ciento.

Esto demuestra que los medios de comunicación tienen un enorme poder para crear ruido y distorsión, lo cual influye en nuestra propia percepción sobre otros latinos, agravando el orden jerárquico social existente.

LLAMÉMOSLO POR LO QUE ES: LOS LATINOS TENEMOS UN ORDEN JERÁRQUICO SOCIAL ESTABLECIDO

Somos muy diversos pero no tan inclusivos.

Nuestra comunidad latina tiene un orden social jerárquico del que no se habla. Mientras más oscura sea tu piel, más marcado sea tu acento, menos tiempo lleves en los Estados Unidos, o si eres mujer, o perteneces a la comunidad LGBTQ+, más bajo será tu estatus dentro del orden jerárquico de la comunidad latina. No hace falta mencionar que la cantidad de dinero que se tenga "cubre" todo esto y eleva tu estatus en el orden social.

Nuestro orden social jerárquico determina quién es invitado a las oportunidades de negocios, quién es entrevistado o destacado por los latinos que controlan los medios de comunicación, o quién tiene acceso a una red de latinos VIP.

Este orden social jerárquico se ha visto exacerbado por tres plagas: el machismo (superioridad del hombre), el malinchismo (menosprecio hacia los nuestros) y el colorismo (racismo hacia otros latinos). Aunque todas ellas son omnipresentes, el colorismo es la plaga que más nos frena como comunidad dado su alcance y lo inconscientes que muchos de nosotros hemos sido al respecto.

Vamos a revisar las dos primeras plagas, y luego dedicaremos más tiempo al colorismo o discriminación racial, en un intento por sacar a la luz estos temas y llegar a ser más conscientes de cómo estamos sesgados y divididos. Al nombrarlos, los sanamos.

La primera plaga es el machismo. Este se refiere a las expectativas en torno a los roles de género, pues existe la creencia ancestral de que las mujeres no somos capaces de hacer el mismo trabajo que hacen los hombres en el mundo. Se espera que las mujeres cuiden de la familia y del hogar y a veces incluso que hasta preparen comida casera caliente para cada cena. De los hombres se espera que salgan al mundo, que lideren e influyan, y que se conviertan en los proveedores de sus familias.

En nuestra cultura, he encontrado que los hombres latinos parecen favorecer generalmente a otros hombres latinos cuando se trata de proporcionar referencias u oportunidades de negocios, como si las mujeres latinas no fuésemos capaces de hacer el mismo trabajo. En una cultura machista, el hecho de ser mujer te sitúa más abajo en el orden social jerárquico.

La segunda plaga, el malinchismo, me la señaló mi querida amiga Reina Valenzuela, empresaria salvadoreña, cofundadora de Starfish Global y asesora de pequeñas empresas.

"Malintzin fue una mujer nativa-americana que fue entregada al conquistador Cortés, convirtiéndose no solo en su traductora, sino en la embajadora entre las dos culturas", me compartió Reina. Y añadió: "Se convirtió en alguien de un valor incalculable para los españoles, alcanzando un estatus de doña, mientras que su cultura la consideraba una traidora por aparentemente facilitar el exterminio de los suyos".

Bajo el malinchismo se acentúan las diferencias entre dos culturas, de forma tal que los latinos recién llegados a los Estados Unidos son percibidos como inferiores a los que llevan más tiempo aquí. A su vez, los recién llegados pueden estar resentidos con los que llevan más tiempo en este país, considerándolos traidores o "malinchistas" por venderse y adoptar el sistema de valores de la cultura norteamericana.

María García, la fascinante voz del podcast Todo por Selena (*Anything for Selena*), describe en el quinto episodio cómo por ser hija de mexicanos nacida en los Estados Unidos y viviendo en El Paso, Texas, le molestaba que sus amigos de México, o los nuevos inmigrantes mexicanos en los Estados Unidos, trataran de restarle importancia a su mexicanidad como si ella fuera una traidora a su cultura.

Igual funciona al contrario. "También están los asimilados, los latinos inmigrantes en Estados Unidos que miran con desprecio a su gente", dice María en el podcast. "Como hicieron con mi madre por no hablar inglés como ellos, o por aferrarse a sus tradiciones mexicanas en lugar de adoptar las americanas". Ser una inmigrante recién llegada o menos adaptada a la cultura americana te sitúa más abajo en la jerarquía social.

Mientras que el machismo y el malinchismo están muy presentes en nuestra comunidad latina, la más perversa de las tres plagas es el colorismo, porque está impulsada por nuestros prejuicios inconscientes. Por siglos, los latinos de piel más oscura se han sentido silenciados e invisibles, y los que tenemos una piel más clara no hemos sido del todo conscientes de nuestro privilegio, lo cual ha perpetuado el problema.

El colorismo es el trato preferente que reciben los que tienen la piel más clara en comparación con los que son de piel más oscura.

Aunque todos formamos parte de una similar cultura o herencia, los latinos blancos o "de apariencia blanca" cosechan los beneficios del privilegio blanco, indica un artículo de *IMDiversity*, refiriéndose a los beneficios sociales otorgados a los que son blancos: mejor acceso a la educación, mayores y mejores oportunidades profesionales, y muchos otros más privilegios por los que la gente de color tiene que trabajar más duro para obtenerlos.

Como mujer blanca que entiende que nunca podré representar del todo la experiencia de mis hermanas afrolatinas, compartiré humildemente algunos momentos reveladores que viví durante las entrevistas y la investigación para mi libro, con la intención de ayudarnos en nuestra comprensión de las complejidades del colorismo, y para compartir algunas ideas sobre cómo empezar nuestra sanación colectiva.

A lo largo de la colonización y a medida que se mezclaban las razas, es decir, los europeos blancos, los nativos americanos, los esclavos de África y los grupos étnicos asiáticos, nació el orden social jerárquico: mientras más blanca era tu piel, mejores oportunidades de vida tenías; en otras palabras, si parecías europeo, la vida sería mejor para ti.

El artículo de *IMDiversity* en el que se estrevistó a Iris López, profesora de estudios latinoamericanos y latinos del City College, señala que "los latinos están pendientes del color de la piel y utilizan un sistema de clasificación por colores basado en el porcentaje de sangre afrodescendiente que tiene un individuo: *blanco, negro, indio, moreno, mulato, etc.*".

El colorismo no es tan sencillo. En algunos casos, el individuo puede tener una percepción de su color de piel diferente de la que tienen los demás a su alrededor.

Un análisis realizado en el 2016 por Gustavo López y Ana González-Barrera demostró que, si bien el 24 por ciento de los latinos se identifican como afrolatinos, cuando se les preguntó a este mismo grupo a qué raza pertenecían, solo el 18 por ciento eligió la raza negra. Sorpresivamente, un 39 por ciento de los que se habían identificado como afrolatinos declararon ser blancos.

Esto realmente llama la atención. ¿Por qué el 39 por ciento de los que se identifican como afrolatinos luego eligen pertenecer a la raza blanca? ¿Será posible que haya algún tipo de negación o vergüenza asociada a identificarse con la raza afrodescendiente que les empuje a hacer eso? Muchas de las afrolatinas que entrevisté parecen estar de acuerdo en que esto puede ser una posibilidad.

Nuestra cultura ha oprimido, silenciado, ignorado y discriminado a nuestros hermanos y hermanas afrolatinos.

Este silenciamiento y denegación ha sido tan generalizado que algunos de ellos prefieren identificarse con la mayoría blanca.

Negar la propia raza para encajar o pertenecer no es algo de lo que las latinas blancas estén totalmente exentas.

A lo largo del proceso de escritura de este libro, aprendí que soy lo que se denomina una "latina que pasa por blanca", y me di cuenta del privilegio que me da mi color de piel en comparación con mis hermanas de piel más oscura. Sin embargo, a veces consideré mi piel blanca como una desventaja porque sentía que una parte de mi propia comunidad latina no me aceptaba plenamente. "Pareces una americana", me decían. En algún momento deseé tener piel más oscura para que me aceptaran mejor.

En el 2017 asistí a una conferencia de "Mujeres de Color" organizada por LinkedIn en Nueva York. Al entrar, era literalmente la única mujer de piel blanca en el recinto. Varias mujeres me miraron con ojos curiosos, probablemente preguntándose: "¿Qué hace aquí esta mujer de piel blanca y ojos azules?". Me sentí tan cohibida e incómoda que me encontré justificando mi presencia contándole a tanta mujer como podía que soy una inmigrante de América Latina. "¡Soy una de ustedes!" quise gritar en voz alta.

Aunque tanto las latinas blancas como las afrolatinas pudieran no sentirse o no considerarse *plenamente latinas,* este último grupo es el que realmente se enfrenta con más barreras.

"NI LO SUFICIENTEMENTE LATINA, NI LO SUFICIENTEMENTE AFROAMERICANA"

El episodio cuatro del podcast Todo por Selena (*Anything for Selena*) describe cómo Melania Luisa Marte, la poeta afrodominicana, creció sin identificarse como latina. Melania no se veía representada en los medios de comunicación en español durante su crecimiento, y en consecuencia le atraían los programas de TV para chicas afroamericanas, donde se sentía más representada. Sin embargo, tampoco se sentía totalmente parte de la comunidad afroamericana.

De niña se identificaba como dominicana y no como latina. No se sentía representada por nuestra cultura, lo cual es triste.

No sentirse bienvenida por nuestra propia cultura parece ser un tema bastante frecuente entre todas mis hermanas afrolatinas entrevistadas para este libro.

En el 2016 y a través de un amigo común, conocí a Angélica "Angie" Ogando quien inmediatamente me cautivó con su alegría y gracia. Angie es un alma inspiradora y una empresaria inteligente que ha lanzado una línea de cosméticos con su hermana gemela, bajo la marca *Warrior Queen Cosmetics.*

Hace poco, Angie me contó que no siempre se sintió bienvenida por la comunidad latina y que la comunidad afroamericana tampoco la acogió. Como resultado, se sentía invisible, no apreciada y no escuchada. Era como si hubiera caído entre las grietas de la división racial.

Las mujeres afrolatinas sufren la marginación de las comunidades blanca, negra y latina, y pueden tener dificultades para sentirse cómodas con cada uno de estos grupos. Un informe de Rachel Bierly indica que "la comunidad afroamericana a menudo se distancia de los afrolatinos por sus diferencias culturales y lingüísticas, mientras que la comunidad latina desnaturaliza la identidad latina de los afrolatinos por tener la piel demasiado oscura".

Angie compartió cómo algunas personas parecen batallar para adivinar su identidad cada vez que ella se presenta. "Cuando entro en una reunión, lo primero que ven es el color de mi piel. Ven a una mujer de raza negra", dijo Angie. "Cuando hablo, se dan cuenta de que tengo acento y asumen que soy africana, jamaiquina y hasta de la India. Incluso los latinos se confunden. ¡Soy dominicana!".

Antes de que las afrolatinas hablen, la gente ya las ha colocado en una caja, y una vez que hablan, la gente se esfuerza en secreto por averiguar a qué etiqueta o caja pertenecen realmente, si es que pertenecen a alguna.

La falta de un fuerte sentido de pertenencia a un grupo específico puede crear problemas de identidad en nuestras afrolatinas, puesto que luchan por entender su lugar en el mundo. Muchas hacen un gran esfuerzo por cambiar lo que son, empezando por su aspecto físico.

"Me alisaba el pelo cada tres días, porque tenía la creencia de que no iba a conseguir un trabajo si me presentaba con el pelo rizado".

"Se supone que debemos tener un aspecto lo más parecido posible al "europeo". Eso es demasiada presión; no hay forma de parecer europea".

La lucha por la identidad y la aceptación de una misma se ve agravada por los medios de comunicación, ya que el tipo de latinidad que históricamente se ha mostrado públicamente es una latina de piel clara o mayormente blanca. Con la influencia que los medios de comunicación ejercen sobre cómo nos percibimos a nosotras mismas, no me sorprendió enterarme que en la intimidad de algunas familias latinas se prefería a los niños de piel clara antes que a los de piel oscura.

"Mi abuela solía defender a mi primo de piel más clara y hacía comentarios positivos sobre lo blanco que era", dijo una de las mujeres que entrevisté.

"Yo era la *morenita* de la familia, lo que no era necesariamente algo de lo que estar orgullosa. Me pedían constantemente que me mantuviera alejada del sol, no fuera que me bronceara demasiado. Mientras tanto, mi prima era alabada por su piel clara y su pelo rubio".

Despojadas del orgullo de su propia identidad como niñas, las mujeres afrolatinas crecen sintiéndose excluidas e invisibles.

¿DÓNDE ESTÁN NUESTRAS AFROLATINAS?

"Participé en muchas conferencias hispanas en las que, entre decenas de ponentes, yo era la única afrolatina. ¿Cómo es posible?" me dijo Angie.

Te invito a que observes algún panel de latinos que cualquier organización haya coordinado, o que prestes atención a una publicación latina o ceremonia de premios para latinos. ¿Cuántos afrolatinos puedes encontrar en ese panel o evento? Probablemente unos pocos o tal vez ninguno. Los latinos que son buscados y mostrados como modelos para otros son generalmente aquellos que tienen la piel más clara, incluso cuando su experiencia o competencias son inferiores a las de los afrolatinos.

Confieso que no había sido del todo consciente de mi privilegio como latina blanca hasta que escuché, realmente escuché, las historias de mis hermanas multiculturales y afrolatinas. Después de ser consciente de lo que sienten, he tomado como práctica que cuando asisto a conferencias o reviso publicaciones, cuento cuántas mujeres y hombres afrolatinos aparecen.

¿Es la organización realmente diversa e inclusiva? Te sorprenderás de lo que encontrarás cuando empieces a mirar esto en detalle.

Tenemos que ser conscientes de la falacia sistémica que la Dra. Marisol Capellán, una coach ejecutiva afrolatina y miembro de la Facultad de la Escuela de Negocios Herbert Business School de Miami, señaló como "aliancismo performativo" ("*performative allyship*"), el cual se define como el activismo que se realiza para aumentar el capital social de uno mismo y no por su devoción a una causa.

Un ejemplo de cómo se manifiesta este concepto es cuando los líderes son muy expresivos sobre su apoyo a las mujeres y las minorías, pero ninguna mujer o minoría tiene un asiento en la mesa de liderazgo ejecutivo de su organización. O cuando sus organizaciones no asignan una parte justa de los contratos a empresas que sean propiedad de mujeres u otras minorías. O cuando se hacen eco de la justicia social y la equidad, pero las minorías reciben menos ascensos y menos apoyo durante sus carreras en esa empresa.

A los ojos del público, estos líderes parecen tener un compromiso con las minorías pero carecen de la acción necesaria para lograr un cambio real. Sus acciones los hace quedar bien posicionados pero no generan cambios. Sólo observa la próxima vez que visites tus redes sociales y verás.

"Hace tiempo decidí no colaborar con organizaciones que no incluyeran otras voces afrolatinas además de la mía, porque al excluir a quienes se parecen a mí, están borrando una parte de nuestra historia", compartió otra de mis entrevistadas. Como afrolatina, esta participante se encontró utilizando algunas excusas inventadas para no tener que participar del evento, temiendo ser etiquetada como "la mujer negra enfadada" si señalaba la poca representación de afrolatinos como la verdadera razón de su ausencia.

Si quieres ser una gran aliada de las afrolatinas, empieza a señalar estas desigualdades o a sugerir nombres de afrolatinas que puedan ser tomadas en cuenta. Una vez que seas consciente de la disparidad, no dejarás de encontrarla en todas partes, te lo prometo. Pero no basta con ver. Si queremos despertar nuestro poder colectivo, estamos llamadas a pasar a la acción.

LAS MUJERES AFROLATINAS YA ESTÁN CALIFICADAS Y PREPARADAS PARA INGRESAR Y GENERAR CAMBIOS

"En mi primer trabajo corporativo solía llevar el pelo recogido todo el tiempo, hasta que vi a mi jefa, que era una mujer negra, aparecer con su pelo natural. Su libertad para presentarse tal y como era me dio permiso para hacer lo mismo".

—DIANA YÁÑEZ, FUNDADORA DE ALL THE COLORS

Durante el proceso de lanzar su negocio y ser orgullosamente ella misma, Angie se presentó ante un nuevo cliente para impartir un taller a un grupo de veinte ejecutivos, en su mayoría hombres blancos. Al entrar, una mujer de color sentada en la recepción la miró curiosamente. Angie estaba vestida con una chaqueta roja y luciendo su pelo natural rizado, una acción atrevida entre las mujeres de color a las que se les presiona para que no se destaquen tanto.

Al entrar a la sala de conferencias sólo había tres mujeres entre el público, una de ellas también de color. El resto de los asientos los ocupaban hombres blancos de distintas edades. Ella los miró y caminó con confianza. En cuanto la vieron, las tres mujeres empezaron a aplaudirla con entusiasmo, fijándose en su atuendo y en su pelo natural.

Al final de la sesión de una hora, la mujer de color de la sala se le acercó para expresarle su gratitud. "Hoy me has dado esperanzas", le dijo a Angie. "Siempre recordaré este día en el que una mujer de color tuvo el valor de ser quien es, sin permitir que el miedo la detuviera".

* * *

Los latinos somos la cultura y etnia más diversa en los Estados Unidos, y creo que nuestra división tiene parte de sus raíces en nuestro *silencio* ancestral. Estamos íntimamente unidos por historias de opresión, colonización e inmigración que no se han hablado durante siglos. Cuando rompamos el silencio y abramos nuestros corazones para compartir nuestras historias con los demás, creo que no sólo encontraremos lo que nos une, sino que también nos sentiremos inspirados para empezar a crear un nuevo futuro colectivo.

En este viaje de romper nuestros sellos de silencio ancestral, quienes somos latinas blancas tenemos la oportunidad de hacer que la latinidad sea más inclusiva. Comienza con escuchar las historias de nuestras hermanas afrolatinas, y continúa con permitirles que nos muestren cómo prefieren ser reconocidas o apoyadas, en lugar de asumir que tenemos las respuestas sobre cómo hacerlo.

Ningún individuo blanco puede comprender del todo la experiencia de una persona de piel oscura, porque no ha experimentado las mismas vivencias.

Denise Collazo, líder en justicia social y graduada en Harvard, que ha utilizado su educación y talento para apoyar y ser mentora de las mujeres de color, nos invita en su premiado libro *Thriving in the Fight* (Prosperar en la Lucha) a seguir el ejemplo de las mujeres afroamericanas.

"Las mujeres afroamericanas han sido agentes de liberación y libertad desde antes de que se fundara este país", dice su libro. No se trata de empoderar a las mujeres de color, sino de seguir su guía. "Los afroamericanos han luchado para que este país sea más igualitario", escribió Denise, "y su trabajo ha allanado el camino para muchos otros grupos oprimidos, incluidos los latinos".

Mi encuentro con Denise cambió mi forma de pensar sobre cómo puedo apoyar a mis hermanas afrolatinas. Poco después de hablar con ella le hice esta pregunta a una querida amiga afrolatina: ¿Cómo puedo ser tu aliada? Me dijo: "Cuando entres en espacios que no están abiertos para mí, por el color de mi piel, crea oportunidades para mí. Mantén esa puerta abierta para mí, yo ya estoy calificada y lista para entrar".

Como latina blanca prometo mantener la puerta abierta para ti, mi hermana afrolatina. Por favor, entra y sin miedo compártenos tus talentos y tu auténtico ser. El resto será simplemente historia.

PARTE IV

DESCUBRIENDO LA MEJOR MANERA DE APOYARTE A TI MISMA EN TU CAMINO

CAPÍTULO 15

CLAVES PARA TRANSFORMAR TU MENTALIDAD Y DESCOLONIZARLA SIN PRETEXTOS

——

¿Qué se requeriría para que te conviertas en una versión más libre y sin disculpas de ti misma?

Compartiré en este capítulo algunos de los conceptos claves que han transformado la vida de muchas latinas con las que he hablado, incluida la mía. A medida que los adoptes y los practiques, notarás cambios positivos en la manera como te hablas a ti misma, te llegarán imágenes mentales más positivas sobre lo que es posible para ti, y reemplazarás el sentimiento de carencia y desmerecimiento por la certeza de que tienes todo lo que necesitas para triunfar y de que está bien ponerte a ti misma en primer lugar.

Éstas son claves poderosas, ancestrales y universales. Emprendamos juntas un viaje de autodescubrimiento.

CLAVE NÚMERO 1:
ACEPTANDO TU RESPONSABILIDAD EN LA CREACIÓN DE TU PROPIA VIDA

"Asumo la plena responsabilidad de mi vida. Cuando algo no se siente del todo bien, miro hacia adentro y trabajo en mí misma para cambiarlo".

—TATIANA OROZCO, DIRECTORA DE MERCADEO Y
COACH DE LIDERAZGO EN TOROZCO DIGITAL

La responsabilidad es a menudo mal entendida. Hacernos responsable de nuestra vida tiene que ver con deshacernos del sentimiento de ser víctimas de nuestro pasado, de otras personas o de nuestras circunstancias, y con comprender que absolutamente todo lo que ocurre en nuestra vida lo creamos, lo permitimos o lo promovemos nosotras mismas.

Cuando sufrí una conmoción cerebral hace unos años, fue difícil para mí aceptar que yo era la responsable. Estaba en el gimnasio y la mujer que se encontraba a mi lado me golpeó accidentalmente en la cabeza con una enorme pesa. ¿Cómo es que no fue su culpa? ¿Cómo podía ser yo la responsable de ello?

De pronto, lo vi claro frente a mis ojos.

Estaba en una clase grupal de gimnasia durante el incidente, y dejé que la mujer a mi lado se colocase demasiado cerca de mí. Además, yo estaba distraída revisando mi teléfono, y no vi la pesa que venía directo contra mi cabeza cuando ella estiró sus brazos. No estaba presente por completo en la clase. Me llevó mucho tiempo comprender que no era una víctima y que tenía mi propia responsabilidad en ese suceso. Sin embargo, asumir esa responsabilidad no significaba que al comprenderlo me tuviera que sentir culpable o avergonzada por haber creado esa situación.

Considera una situación que hayas permitido, promovido o creado recientemente, y observa tu participación en ella con la neutralidad del observador y sin culpa ni vergüenza. ¿Puedes ver cómo tu respuesta o tu falta de acción influyó en el resultado final? Malas relaciones, problemas de dinero, problemas de salud, comportamientos inaceptables de nuestros hijos, por mencionar algunos. Tomar conciencia de que tú eres la causa de cualquier efecto en tu vida es crucial para reclamar tu poder y así impulsar el cambio en tu vida.

¿Y qué tal si tuviste un accidente grave o una situación muy difícil en la que realmente fuiste una víctima? En este caso, tu responsabilidad radica en la manera en que tú permites que ese evento te impacte hoy, y en los pasos que estás dando para sanarte a ti misma.

Siempre tenemos la responsabilidad en nuestras vidas. De la misma manera que tienes el poder de crear un evento con posibles consecuencias negativas, también tienes el poder de crear para ti circunstancias positivas. En otras palabras, tienes la capacidad innata de crear abundancia, alegría y amor en tu vida.

Hemos nacido libres e ilimitadas, con el potencial de crear la vida que queramos. A medida que crecemos, el contexto nos condiciona a seguir reglas y depender de figuras de autoridad que deciden cómo serán las cosas para nosotras. Muchos adultos todavía caminan por la vida esperando que otros decidan por ellos, o que otros creen las circunstancias que les permitirán alcanzar sus sueños, ser felices y prosperar, sin darse cuenta de que al hacerlo, han cedido su poder y se han convertido en víctimas de lo que les sucede.

Cuando delegamos en otros las decisiones importantes de nuestra vida, estamos desperdiciando el poderoso don de ser creadoras responsables de la vida que queremos. Entonces, cuando las cosas no salen como deseamos, señalamos con el dedo a los demás y les culpamos de nuestras miserias. Con el tiempo, nos damos cuenta de que ese culpar a los demás no cambia absolutamente nada, solo crea más disgusto y frustración.

Por ejemplo, culpar a los prejuicios sistémicos o a la "supremacía blanca" de nuestras circunstancias como latinas, no cambiará nada. Por el contrario, aceptar nuestro poder y responsabilidad para crear soluciones a los problemas que nos entristecen y frustran, nos animará a asociarnos con otros y empezar a tomar medidas conjuntas y cohesivas.

En este camino de desaprender y descolonizarnos, un buen comienzo para reclamar el poder que cedimos es asumir nuestra responsabilidad sobre nuestros pensamientos y emociones, ya que éstos son dos poderosos motores que crean nuestro mundo exterior. No podemos controlar absolutamente todos los pensamientos y emociones que llevamos en nuestro interior y a cada momento, pero podemos decidir a cuáles nos aferramos. Esa es nuestra responsabilidad primordial a la hora de crear una nueva realidad: discernir qué pensamientos y emociones queremos conservar y cuáles queremos dejar ir.

¿Cómo los dejamos ir?

Concentrándonos intencionadamente en nuestra respiración hasta que sintamos que nuestra mente se calma. En esa pausa, nos convertimos en observadores neutrales de lo que ocurre dentro de nosotros. Mientras observas tus pensamientos y emociones, quédate solo con las imágenes de las relaciones, la carrera y la salud que quieres, y deja ir todas aquellas imágenes de lo que ya no quieres. Del mismo modo, sustituye deliberadamente cualquier emoción de resentimiento e ira por gratitud y amor. Y no olvides respirar durante todo el proceso.

Este práctico ejercicio te permite enfocar tu mente en aquello que más deseas. A medida que lo practiques, te entrenarás a salir ganando en tu imaginación, y con el tiempo, verás que los cambios positivos en tu entorno se producirán de manera natural.

CLAVE NÚMERO 2:
RECONOCIENDO Y SANANDO TUS TRAUMAS
Parte de hacernos plenamente responsables de nuestra vida es dar los pasos necesarios para sanar nuestro pasado.

Una barrera habitual para nuestra sanación es que hemos aprendido a reprimir lo que sentimos. Como inmigrantes e hijas de inmigrantes, nos tocó enfrentarnos al trauma, el aislamiento, la violencia doméstica, el alcoholismo y otras muchas cosas más, pero hemos seguido empujando en medio del aislamiento y sin hablar demasiado de nuestro pasado.

"No puedes sanar lo que no reconoces y aceptas".

—SARA PEÑA, FUNDADORA DE 'DE MUCHACHOS A LÍDERES'
(*BOYS TO LEADERS FOUNDATION*),
Y DIRECTORA DE ASUNTOS EXTERNOS PARA PSE&G.

Debemos estar dispuestas a sentir para sanar, incluso cuando sea incómodo. Todas llevamos algún trauma, y fingir que nuestro dolor no existe no hará que desaparezca. Tarde o temprano, saldrá a la superficie, a veces, décadas más tarde.

En una conversación reciente, la Dra. Edith Eger, sobreviviente del Holocausto, conferencista y autora de *El Regalo (The Gift)* y de otros libros y a quien ya mencioné, compartió la importancia de *sentir* como *paso previo* a la sanación.

"No sanamos a menos que hagamos el duelo. No debemos temer el sentir o el pasar por ese duelo, ya que esos son los únicos caminos para poder sanar de verdad", dijo la Dra. Eger. Aclaró que "el duelo no se considera una depresión clínica; son dos cosas muy diferentes".

¿Cuántas veces reprimimos nuestras emociones por miedo a encontrarnos en un agujero oscuro o a caer en una depresión? Puede ocurrir todo lo contrario: lo que reprimimos y ocultamos en lo profundo de nuestro ser para no sufrir, puede terminar convirtiéndose en una depresión.

Al principio de mi proceso de sanación, el dolor parecía aumentar su intensidad. A medida que tomaba mi cincel y quitaba las capas de miedo y condicionamiento que me recubrían, sentía que mientras más capas trabajaba y sanaba, más capas emergían para ser eliminadas. Seguí cincelando capas y capas de tristeza, culpa y vergüenza hasta que mi carga se hizo más ligera. En algún momento, la intensidad del dolor disminuyó y nunca volvió a ser lo que era.

En la comunidad latina tenemos una profunda necesidad colectiva de hacer el duelo de nuestras experiencias de opresión, inmigración, discriminación y trauma. Necesitamos hacer el duelo de haber dejado atrás nuestros países de origen y nuestras familias. Muchos de nosotros necesitamos hacer el duelo por no estar cerca de nuestros seres queridos los domingos, el Día de la Madre, la Navidad, las celebraciones de cumpleaños y las bodas. Muchos tienen que hacer su duelo por no haber visto a su propia madre o su padre durante años, y muchos de nosotros tenemos que pasar por el duelo de haber perdido a nuestros abuelos y no haber estado allí para enterrarlos.

"Estamos haciendo el duelo de nuestra antigua forma de ser. Nuestra identidad latina está de duelo en este momento. Ahora es el momento perfecto para permitirnos sentir ese dolor, experimentarlo y liberarlo para empezar a levantarnos".

— DRA. PATRICIA DELGADO,
FUNDADORA Y CEO DEL GRUPO BRIDGIFY.

Tu proceso personal de sanación será único. Como sea que quieras sanarte, ya sea a través de la terapia, o compartiendo con tu tribu leal de hermanas del alma que puedan apoyarte mientras expresas con libertad lo que has estado cargando, o a través de la escritura de un diario, encontrarás tu propio camino al participar en esta acción activamente y de todo corazón.

Mi proceso de sanación se aceleró exponencialmente cuando decidí dejar ir mi trauma y mi dolor. Lo entregué a un poder superior, al Espíritu, quien podía llevárselo. Hice mi duelo por dejar a mi familia en Argentina y quitarles a mis padres la oportunidad de experimentar ser abuelos. Lloré en voz alta todas mis expectativas de una carrera corporativa exitosa, que no era factible al tener a mis dos bebés en los Estados Unidos, sin familia cerca y sin confiar en una niñera que me ayudara. Hice mi duelo por todos mis años de auto-abuso y auto-odio, escondidos detrás de interminables horas de trabajo que me llevaron hasta la extenuación, hasta el agotamiento.

Al derribar los muros que había construido para protegerme de más dolor, y al desaprender todos los comportamientos con los que había cedido mi poder, permití la llegada de la sanación.

Considera cual es la mejor manera de facilitar al máximo tu proceso de sanación, ya sea hablando de ello con alguien, escribiéndolo para luego quemarlo, meditando, etc. Sea cual sea la forma que elijas para sanar, recuerda que nunca estás sola en este viaje. Hay innumerables mujeres luchando también para liberarse de las heridas y el dolor, con la esperanza de descubrir la paz, la alegría y el amor a sí mismas.

El tesoro incalculable que se entrega a aquellas almas capaces de derribar los muros que las han mantenido atrapadas en el dolor, es la verdadera libertad.

CLAVE NÚMERO 3:
RECONECTANDO CON TU ESENCIA OLVIDADA

La primavera pasada, mientras tomábamos un café juntas, le pedí a Karem Ospino, una mujer que pasó por el programa de emprendimiento que dirigí por un tiempo, que compartiera conmigo la historia de transformación personal más poderosa que hubiese vivido.

Karem es la propietaria de Ospino Consultores (*Ospino Consulting*), una empresa de asesoramiento contable y tecnológico. Ella es inmigrante de Colombia, con una trayectoria profesional muy poderosa en su país antes de llegar a los Estados Unidos. Al momento de graduarse de la universidad, ya había sido ascendida a gerente en una importante empresa nacional.

"¿Puedes hacerlo, Karem?", le preguntó la Directora de División cuando la ascendió.

"Sí, puedo hacerlo", respondió Karem con seguridad a esta mujer, que era bien conocida por entrar en la oficina por la mañana y no mirar a nadie. Era una mujer dura.

Karem aceptó el reto e hizo lo que mejor sabía hacer: evaluó la situación, trazó un plan de acción y se puso a trabajar. Unos meses más tarde, se dirigía al despacho de la Directora de División para entregar unos informes cuando la vio caminar hacia ella.

"¿Puedo darte un abrazo?", le preguntó la Directora de División a Karem, dejándola absolutamente desconcertada. ¿Qué estaba sucediendo? ¿Un abrazo de esta mujer que ni siquiera decía "buenos días" a su personal y que mantenía las distancias en todo momento?

"Acaba de llamar el Presidente de la empresa", prosiguió la mujer, "y ha dicho que nuestros indicadores nunca han sido mejores. Gracias por tu excelente trabajo, Karem", le dijo.

Karem era una superestrella que superaba las expectativas de todos. Aceptaba los nuevos retos y siempre lograba resultados por encima de lo esperado.

La vida llevó a Karem a muchos lugares, y algunos años después de esta experiencia, se trasladó de Colombia a Nueva Jersey donde empezó a trabajar en un entorno dominado por hispanos. Recuerda esos años como los más difíciles de su vida profesional. Se enfrentaba a la competencia, la envidia y a importantes barreras para realizar su trabajo. Todo era: "No, Karem, aquí no puedes hacer eso" y "Lo siento, pero no puedo compartir esa información contigo". Era un entorno difícil aquel en el que estaba inmersa.

Siguió avanzando, pero con el tiempo su infelicidad empezó a apagar su luz. Tras diez años en este entorno tóxico, Karem perdió la fe en su capacidad para hacer un gran trabajo y cayó en depresión. Al darse cuenta de que algo no iba bien, su hermano mayor le sugirió que visitara a su padre en Colombia. Ella aceptó, con la esperanza de alejarse del interminable flujo de correos electrónicos.

En esa visita a su Colombia natal, Karem tuvo la oportunidad de conectar con su padre a un nivel más profundo. Pasaron tiempo juntos en una casa cerca de la playa, donde tuvieron mucho espacio para hablar por primera vez sobre la vida laboral de su padre y sus sueños pasados. Fue durante una de esas tardes calurosas, mientras estaba sentada en un tranquilo patio trasero rodeada de palmeras y hablando con su padre, que Karem recordó aquella olvidada primera experiencia laboral y a su Directora de División.

Momentos únicos vinieron a su memoria. Recordó su fuerza, su pasión por trabajar haciendo las cosas bien y su capacidad para relacionarse con la gente y liderarlos para que las cosas sucediesen. Todo ello volvió de repente a su memoria, como si hubiera ocurrido apenas ayer.

"Quisiera saber a dónde se ha ido esa Karem tan poderosa...", se preguntó.

"¿Qué he hecho de ella en estos diez años?", se dijo.

De repente, una ola de entusiasmo la invadió. Karem tomó papel y lápiz y permitió que su versión veinteañera resurgiera sin limitaciones ni juicios y escribiera sus objetivos de vida y su intención de lanzar su negocio. También tomó nota de los pasos siguientes que daría cuando volviera a los Estados Unidos. Sintió una energía y una confianza en sí misma que no había experimentado desde hacía un tiempo.

Cuando creamos un espacio seguro en el que podemos reconectar con la olvidada, aunque siempre presente, versión más joven de nosotras mismas, podemos dejar caer nuestras defensas y abrir nuestro corazón. En ese espacio de vulnerabilidad podemos recuperar esos sueños que no hemos perseguido por miedo o por sentirnos muy condicionadas. Al reconectar con nuestra verdadera esencia, recuperaremos la confianza y la seguridad en nosotras mismas para dar nuestros primeros micropasos en dirección a lo que realmente queremos.

Una vez de vuelta a los Estados Unidos, Karem firmó un contrato de alquiler para una oficina propia y puso en marcha su negocio con los ahorros que tenía en ese momento. Desde entonces, su negocio ha experimentado un gran éxito: se ha expandido más allá de la clientela hispana y ha tenido que contratar a nuevos empleados para cubrir la demanda.

La práctica de conectar con una versión más joven y triunfante de ti misma y traer ese poderoso recuerdo al presente es absolutamente transformadora. Esta acción me ha ayudado a mantenerme intencionadamente centrada y presente al enfrentar situaciones de ansiedad y miedo, como reuniones difíciles, negociaciones salariales o hablar en público.

Mi recuerdo más poderoso se remonta a 1999, cuando recibí una oferta de trabajo de Procter & Gamble en Argentina. Viniendo de una experiencia laboral en finanzas, había decidido hacer un cambio de carrera hacia mercadeo y envié mi solicitud de trabajo sabiendo que probablemente sería bastante difícil hacer esa transición. Además, me habían dicho que la compañía por lo general solo aceptaba a uno de cada cien aplicantes. Después de participar en múltiples entrevistas y pruebas, finalmente recibí la oferta.

Todavía recuerdo lo orgullosa que me sentí de mí misma el día que me ofrecieron el empleo. Sentí que el mundo era mío y que tenía posibilidades infinitas frente a mí. Me sentí ganadora.

Hoy, cuando dudo de mí misma o siento ansiedad, o cuando me dirijo a una reunión difícil, cierro los ojos, respiro profundo y traigo a mi mente el recuerdo de ese momento exacto en el que me dijeron que el trabajo era mío. Vuelvo a respirar profundo y me permito sentir los poderosos y elevadores sentimientos de triunfo que sentí ese día. Me permito sentirlos como si estuvieran ocurriendo aquí y ahora. Una vez que me sumerjo en esa experiencia, regreso al presente aferrándome a ese sentimiento de victoria.

Si estás luchando contra la duda y la autocrítica, retrocede en el tiempo y elige un recuerdo de un momento poderoso en tu vida. Puede ser tu graduación escolar, una gran oferta de trabajo, tu primer cheque, el día de tu boda, convertirte en madre, o cualquier otra experiencia que te conmueva profundamente. Visualiza ese recuerdo como si estuviera ocurriendo en este momento y permítete sentir esas emociones elevadoras. Trae esos sentimientos de vuelta al presente, y desde este espacio de posibilidades infinitas, da ese paso que has temido dar.

CLAVE NÚMERO 4:
TOMANDO LA DECISIÓN DE AMARTE EXACTAMENTE COMO ERES

El amor no es una emoción, sino una decisión. Comprender esta idea puede cambiar tu vida para siempre.

El amor incondicional no es una emoción que va y viene, dependiendo de las circunstancias. El verdadero amor, sobre todo el amor propio, es una decisión y un compromiso con una misma que se renueva y alimenta a diario.

Una de las claves para honrar y amar a quien tú eres, tal y como eres, es amar *todo* acerca de ti. Amar tu cuerpo, tu pelo, tu piel, tu acento, tu personalidad. Amarlo todo también significa no intentar acallar nuestras voces internas de miedo, inseguridad y autocrítica, porque intentar acallarlas solo las hará más fuertes. En su lugar, ámalas y acéptalas, y a partir de ahí empezarán a disolverse. Ama tus inseguridades, ama tu impaciencia, ama tu frustración, ama tu autosabotaje, ama tus 'dejar para después' -tu tendencia a procrastinar-, ama todo lo que te hace ser tú misma.

No hay nada más empoderante que ponerte de pie en la verdad de quien tú eres, exactamente como tú eres. A partir de ahí, ámate tanto y tan incondicionalmente que te convertirás en tu mejor abogada y en tu más fiel admirador. Como consecuencia natural empezarás a poner límites, a pedir lo que necesitas y a perseguir tus sueños con absoluta confianza en tu sabiduría interior, resiliencia y habilidades.

Una mujer latina que me inspira a mí y a miles de personas porque es auténtica y sin excusas por quien es, se llama Gaby Melian. Gaby nació y creció en Argentina, y llegó a los Estados Unidos en 1996, cuando vino a completar una carrera de periodismo que no estaba destinada a ser, porque no era su verdadera misión en la vida.

Gaby es una reconocida chef, creadora de recetas culinarias, autora, profesora, exgerente de cocina en *Bon Appétit*, y fundadora de La Cocina de Gaby *(Gaby's Kitchen)*. Tuve el placer de conectar con ella para conocer más acerca de su increíble historia. Inmediatamente me encantó su autenticidad, su humor, su corazón sin egoísmo y el hecho de que dice su verdad sin temor.

Con Gaby, lo que ves es lo que hay, no hay nada oculto. Lleva su pelo al natural, sin teñir, para evitar los productos químicos en su cuerpo, y lleva ropa de segunda mano porque practica la reutilización y el reciclaje.

Es una mujer trabajadora que no temió hacer lo necesario para mantenerse económicamente. Gaby limpió casas, trabajó de niñera, e impartió clases de español y cocina para ganarse la vida.

Al ver su pasión por la comida y su talento en la cocina, un amigo le sugirió que estudiara en el Instituto de Educación Culinaria *(Institute of Culinary Education)*, una de las mejores escuelas de cocina de Nueva York. En ese momento, un nuevo mundo se abrió para ella. Se dedicó a la gestión culinaria, y unos años más tarde, aplicaría para un trabajo a tiempo parcial en *Bon Appétit*. Fue contratada de inmediato y con el tiempo se convirtió en la directora de la cocina, logrando una importante visibilidad nacional a través de sus apariciones en el canal de YouTube de la revista.

"Me gustaría que mi mamá pudiera ver lo lejos que he llegado", me dijo, echando de menos a su madre a la que perdió hace algunos años, y quien había sido su mejor amiga, su *sous-chef* o ayudante de cocina y su apoyo durante los años más duros como inmigrante.

Este espíritu divertido y bondadoso, que ha acumulado casi 300.000 seguidores en Instagram y cuya visibilidad despegó hace pocos años, es cien por ciento ella misma. No finge ser alguien que no es. Y con ello, tiene mucho éxito.

¿Cómo puede ser eso posible?

Eso es posible si te amas a ti misma hasta el punto de sentirte cien por ciento cómoda siendo quien tú eres frente al mundo. Esta confianza en una misma y el amor propio actúan como un imán para las personas que buscan esa libertad para sí mismas. Gaby se da a sí misma el permiso de ser auténtica en todo momento, y a la vez, esto le otorga a otras personas el permiso para hacer lo mismo.

"¿Qué se siente ser una inmigrante que se puede mostrar al mundo exactamente cómo es? ¿Qué se siente ser libre, Gaby?" le pregunté.

Hizo una pausa y sus ojos se llenaron de lágrimas.

"Puedo ser yo porque creo que no tengo nada que perder. No tengo miedo de 'no tener', y por ello, no actúo a partir del miedo", dijo Gaby.

Con estas palabras, Gaby nos enseña que nos daremos cuenta de nuestro progreso en el amor por nosotras mismas cuando reconozcamos que somos suficiente, y cuando no necesitemos completarnos con logros externos, elogios o posesiones materiales. Sin embargo, si todavía no has llegado a ese punto, no te preocupes. Empieza por pasar más tiempo contigo misma, en silencio o meditación, para volver a encender ese amor propio.

Es en ese espacio de silencio donde la iluminación, la fortaleza y la claridad aparecerán para apoyarte en tu camino hacia el verdadero amor propio.

Como dijo una vez mi amiga Melba, asesora y mentora de cientos de latinas: "Muchas latinas buscan complementarse con lo exterior, porque no se toman el tiempo para conectarse consigo mismas, en el silencio, y llegar a saber quiénes son en realidad. Nunca estaremos satisfechas si no creamos esos espacios para saber quiénes somos y abrir nuestro corazón a nosotras mismas".

Hoy, justo en este momento, puedes tomar una decisión importante: quererte exactamente como eres. Sea cual sea la forma en que decidas hacerlo, es esencial crear espacios seguros a lo largo del día para conectarte contigo misma. Se intencional en recordar quién eres y recupera tu derecho a ser libre.

Transformar tu mentalidad a través de estos cuatro conceptos claves que he presentado es un trabajo necesario, pero no suficiente. Tomar acción es un ingrediente esencial que debe acompañar la transformación de tus patrones mentales. Al dar micropasos específicos en tu carrera, tus relaciones, tu salud, y en la creación de riqueza y abundancia desde tu amor propio y autoestima, desbloquearás tu poder para manifestar lo que realmente quieres.

Hay algunas áreas que reportan ganancias exponenciales al tiempo y la energía que inviertes en ellas y que tienen el potencial de catapultar tu vida a niveles impensados. En los próximos tres capítulos compartiré contigo esas buenas prácticas que generaron cambios significativos y duraderos en la vida de muchas latinas que quiero que conozcas.

CAPÍTULO 16

LA EDUCACIÓN, AUNQUE SEA INCÓMODA, ES UN PASO NECESARIO PARA EL ASCENSO SOCIAL

En este capítulo discutiremos por qué tu mamá tenía razón al decirte: *"Tienes que estudiar para salir adelante en la vida"*.

La educación no solo implica trabajo duro y una inversión importante, sino que el acceso a ese espacio puede resultar además incómodo para muchas de nosotras que pertenecemos a la primera generación en nuestras familias que logra hacerlo.

Para convertirnos en actores relevantes e influir en la toma de decisiones, necesitamos tanto acceder al sistema como aprender a navegarlo. A medida que aprendemos a hacer ambas cosas, podemos aumentar nuestras posibilidades de ascender socialmente y crear mayor riqueza.

Una forma de aumentar nuestras posibilidades de acceder a los espacios donde abundan las oportunidades es a través de la educación. Una vez que la educación nos abre esos espacios, podemos ser más asertivas a la hora de navegarlos si construimos nuestra marca personal, si creamos una red que nos apoye, y si solicitamos tutoría y patrocinio además de brindarlos. De esto hablaremos en los dos próximos capítulos.

Creo firmemente en el poder de la educación. Personalmente he vivido y respirado su fuerza para transformar mi vida y la de mis seres queridos que se beneficiaron de mi crecimiento. Mi educación se convirtió en mi puerta de entrada a un nuevo mundo de posibilidades.

Nací en un pequeño pueblo rural de Argentina. Mi casa estaba situada a sólo tres manzanas de la calle principal, pero nuestra calle no estaba asfaltada. En nuestros calurosos veranos llenos de polvo, no era raro ver a los perros correr libremente por la calle mientras los vecinos dormíamos la "siesta". Y de vez en cuando, una o dos vacas pasaban por delante de la ventana de mi habitación.

La mía fue una infancia sencilla con grandes sueños. No salíamos de vacaciones todos los años, pero los viajes ocasionales a Buenos Aires o a la costa estaban llenos de magia. Como resultado de estas aventuras y desde muy joven, imaginé un mundo de oportunidades fuera de mi pueblo. Ansiaba explorar el mundo.

Sobresalí en la escuela gracias al trabajo duro y a un sentido de responsabilidad inusualmente alto para mi edad. "Lograrás todo lo que te propongas", solían decirme mis padres con absoluta seguridad de que la universidad estaba en mi futuro, aunque el dinero para pagarla no estaba completamente en nuestro presente.

"Te irás a estudiar a Buenos Aires y yo te llevaré el equipaje", solía bromear mi padre. La vida le había obligado a renunciar a sus sueños de educación secundaria cuando se convirtió en el sostén principal de su familia a la temprana edad de once años: una de las consecuencias de ser el hijo único de una madre divorciada.

En retrospectiva, puedo ver cómo por aquel entonces no estaba preocupada por tener que mudarme a una nueva ciudad ni tampoco por cómo iba a pagar mis estudios. Simplemente confiaba y me entregué por completo a mi sueño. Tenía tantas ganas de ir a la universidad que podía saborear ese momento. Me visualizaba mudándome a Buenos Aires para comenzar esta nueva etapa de mi vida y mantuve esas imágenes en mi mente sin permitir que la duda las empañara.

Mis años de estudios secundarios fueron especialmente difíciles. Estaba centrada y decidida a que me fuera bien como paso previo a la universidad, pero el entorno era bastante tóxico. Durante años, se me señaló y fui objeto de burlas y agresiones verbales por mis sobresalientes calificaciones, mientras los adultos del colegio ignoraban la situación mirando hacia otro lado. Me sentía sola y fuera de lugar.

Me protegía del dolor emocional y de la soledad viajando mentalmente a otros lugares. Mi sitio favorito era la universidad. Me transportaba mentalmente a la gran ciudad de Buenos Aires y me veía inmersa en un nuevo comienzo: en mi mente, me veía caminando por esas avenidas súper anchas bordeadas de árboles en flor, admirando los interminables edificios que representaban el progreso, las oportunidades y el poder. En mi corazón, anhelaba ese nuevo espacio donde nadie supiera de mi vida poco popular y solitaria en mi propia tierra.

Durante esos años, me aferré al sueño de una educación universitaria como si fuera el último chaleco salvavidas disponible en un barco que se hundía.

En el fondo de todo eso, también estaba la intención de cumplir los sueños truncados de mi padre. Mi padre había comenzado las clases de bachillerato para adultos por la noche para cumplir su sueño de completar esa etapa educativa. Hizo todo lo posible por terminar el primer año de bachillerato, hasta que el agotamiento de trabajar todo el día para mantener a sus tres hijos mientras estudiaba fue demasiado intenso. Tuvo que abandonarlo.

Mi madre, una de las mujeres más inteligentes que he conocido, trabajaba en una pequeña notaría. La habían contratado al terminar su secundaria y permaneció allí al menos treinta años de su vida. Como auxiliar de oficina, comenzó mecanografiando los expedientes en una máquina de escribir, y podría haber llegado mucho más lejos si hubiera tenido acceso y apoyo. Sin embargo, muchas de nuestras madres y abuelas no tuvieron más remedio que dejar de lado sus sueños porque algunas puertas no estaban destinadas a abrirse para ellas.

Así que en cierto modo yo quería ser la primera en romper esas barreras. Soñaba con ser quien lograra un título universitario, visualizando el momento en que entregaría el diploma a mis padres para que lo colgaran con orgullo en la pared de la casa. Quería ser quien hiciera realidad sus sueños truncados de completar una educación formal. Mi sueño era en realidad el sueño de nuestra familia y no solo el mío, así que lo acepté como la oportunidad de romper las cadenas y de sanar a siglos de ancestros femeninos que tuvieron que tomar cualquier oportunidad profesional que se les presentara, si es que se les presentaba alguna.

Millones de latinas nos convertimos en la esperanza de nuestras familias, y perseguimos con valentía las oportunidades educativas a las que llegamos gracias a los sacrificios de nuestros padres, abuelos y abuelas que trabajando duro allanaron nuestro camino. Ingresamos nerviosas por primera vez a las aulas de la universidad, sintiéndonos muchas veces inadecuadas y fuera de lugar, pero aprovechando la oportunidad. No sólo por nosotras, sino por ellos y para ellos.

Un informe de *Pew Research* del 2017 señala que solo entre 1999 y 2016 hubo 8 millones más de hispanos en los Estados Unidos que atravesaron las puertas de las instituciones educativas, muchos de ellos probablemente aprendiendo cómo navegar ese espacio sobre la marcha, sin mucha tutela ni orientación. En ese lapso de tiempo, el número de hispanos matriculados en guarderías públicas y privadas, escuelas K-12 y universidades aumentó en un 80 por ciento, alcanzando la cifra de 17,9 millones.

Las mujeres latinas estamos ganado terreno en los espacios
académicos, pero aún estamos rezagadas con respecto a
otros grupos poblacionales.

Un informe de investigación presentado por la Universidad de California en Los Ángeles (UCLA) en colaboración con la Casa Blanca, muestra que las latinas han ido acortando la brecha de egreso de la *escuela secundaria*, al aumentar su tasa de graduación en un 14 por ciento entre 2003 y 2013. Y aunque este crecimiento es significativo, aproximadamente una de cada cinco latinas entre veinticinco y veintinueve años, no egresaron de la escuela secundaria en 2013. Esto se compara con alrededor de solo una de cada doce mujeres que no terminó la escuela secundaria en todos los demás grupos étnicos.

Este informe también analiza el avance de las latinas en la obtención de títulos *universitarios*. Si bien las latinas están asistiendo a la universidad en un número récord, son significativamente menos propensas a obtener su título en comparación con otros grupos. En el 2013, casi el 19 por ciento de las latinas entre veinticinco y veintinueve años había completado su título universitario, en comparación con el 23 por ciento de las mujeres afroamericanas, el 44 por ciento de las mujeres blancas y el 64 por ciento de las mujeres asiáticas.

Hay aún mucho trabajo por hacer. Y todo empieza en
el hogar.

Mientras que a algunas de nosotras se nos animó a continuar con nuestra educación, a muchas latinas que fueron pilares financieros de sus familias desde una temprana edad se les desanimó a dar ese paso hacia la educación superior. Además, nuestra cultura ha creído ancestralmente que una mujer necesita un hombre a su lado para disfrutar de una vida cómoda y segura. A su vez, se espera que seamos esposas y madres dedicadas y que dejemos nuestras aspiraciones profesionales en un segundo plano.

"Aunque el 'machismo' sigue muy presente entre muchos latinos, mi esperanza es que las mujeres jueguen un papel cada vez más importante en la gestión de sus finanzas y que reclamen su poder a través de la independencia financiera".

—NATALIE TORRES-HADDAD, AUTORA Y PRESENTADORA DE *FINANCIERAMENTE SABIAS EN VEINTE MINUTOS* (FINANCIALLY SAVVY IN 20 MINUTES).

Cynthia es una empresaria, educadora y mentora con pasión por empoderar a otras mujeres. La hija del medio de una familia de cinco hijos, Cynthia nació en Texas donde vivió la mayor parte de su vida, criada en una familia llena de amor. Sin embargo, desde muy pequeña sintió las presiones ancestrales.

"Cuando tenía once años, mi madre me enseñó a planchar", me dijo. "Y luego, quiso que planchara la ropa de mi hermano", añadió.

Cuando Cynthia desafió a su madre preguntándole "¿Por qué?", su madre le dijo "Porque tienes que cuidar de tu hermano".

Cynthia se opuso a estos mandatos culturales, y su madre perpleja ante esta joven que no hacía lo que se esperaba de ella, le dijo: *"¡Pero a usted nadie la va a querer casar!"*.

A los dieciséis años, Cynthia se encontró con otra norma familiar: "En casa, la norma era que una vez cumplidos los dieciséis años, dejabas la escuela para ayudar con los ingresos familiares". Su hermano había abandonado los estudios a esa edad, y su hermana se casó a los dieciséis años y abandonó la escuela.

El caso de Cynthia no es un caso aislado. La pobreza es uno de los principales obstáculos para que nuestra comunidad permanezca en el camino educativo. Cientos de miles de hispanos abandonan la escuela para mantener económicamente a sus familias. Como fue el caso de mi padre, es muy difícil seguir una educación cuando eres el sostén de la familia.

Como era de esperar, al cumplir los dieciséis años Cynthia dejó de ir a la escuela y empezó a solicitar trabajos en McDonald y otros comercios similares. Pero se sentía incómoda con todo ello. Su voz interior le reclamaba: *"¿Qué estoy haciendo? Esta no es la vida que quiero"*. En el fondo, sólo quería volver a la escuela.

Así que se fue a casa y tuvo una conversación con su madre.

"Quiero volver a la escuela", dijo Cynthia. Su madre se sorprendió un poco, pero ya se había acostumbrado a que su hija desafiara las normas.

"Sabes, si quieres volver a estudiar", le dijo su madre, "vas a tener que arreglártelas tú sola porque no podemos ayudarte".

A Cynthia le pareció bien y volvió a la escuela mientras trabajaba medio tiempo para contribuir a la economía de su familia.

Cuando nos abrimos camino en esos espacios académicos, es inevitable que otros a nuestro alrededor se vean impactados por los efectos de nuestros logros. Tanto la educación como el poder de transformación que posee son contagiosos, pues también tocan a los que queremos y cambian sus vidas para siempre. Cuando Cynthia tomó la decisión de romper los mandatos familiares centenarios para acceder a nuevas oportunidades en el campo de la educación (hasta entonces no disponibles para los hombres o las mujeres de su familia), llevó a otros a hacerlo.

Llegó el día de su graduación de la escuela secundaria, y Cynthia estaba radiante con su túnica color granate.

"Mi hermana Marie no paraba de llorar", recuerda Cynthia. "Mi familia estaba más que orgullosa de mí".

Su hermana mayor, que había abandonado la escuela secundaria a los dieciséis años, lloró durante toda la ceremonia. Unos meses más tarde, volvería a matricularse en la escuela y posteriormente terminaría el bachillerato y entraría a la universidad: todo ello inspirada por los logros de su hermana menor. Para la misma época, Cynthia se inscribió en una universidad comunitaria (community college), pero luego dejó de asistir al convertirse en madre. Cuando el bebé fue un poco mayor, su hermana insistió en que Cynthia siguiera estudiando.

"Vamos Cynthia, acompáñame. Vayamos las dos a la universidad", le decía su hermana.

"Me encantaría, pero no puedo. James dijo que ahora mismo no tenemos dinero para eso", respondió, refiriéndose a su marido.

Su hermana miró a Cynthia firmemente a los ojos, y decidida le dijo: "No preguntes, Cynthia. Si es algo que realmente quieres, le dices simplemente que quieres hacerlo". En los años 80, esto no era lo que hacían la mayoría de las mujeres latinas. Pero Cynthia volvió a casa y a la hora de la cena inició la conversación con su marido.

"Mi amor, voy a volver a la escuela para terminar mi carrera", dijo Cynthia.

Para su sorpresa, James se limitó a decir solamente: "De acuerdo".

"¿Qué quieres decir con eso?" preguntó Cynthia. "He querido volver a la escuela todo este tiempo, y tú me decías que no podíamos pagarlo", le dijo Cynthia. "¿Y ahora me dices que está bien?"

Cynthia se ríe mientras me comparte este recuerdo.

Intentando romper con siglos de condicionamiento cultural, nos convertimos en las primeras de nuestra familia en conquistar grandes logros que ninguna otra mujer de la familia había conseguido antes. Nos convertimos en pioneras. Y pensamos que podemos hacerlo todo: tener nuestras propias carreras profesionales súper exitosas, tener un marido o pareja y tal vez hijos, y llevar adelante nuestro hogar. Y somos las primeras en ir tras todos esos sueños, creyendo que podemos conseguirlo todo.

Cynthia se unió a su hermana en su camino académico hacia la universidad.

Ambas hermanas se graduaron, Marie con un máster y Cynthia con una licenciatura. Se inspiraron y empoderaron mutuamente para dejar de lado los mandatos ancestrales y romper las cadenas para ellas mismas y para las próximas generaciones.

Muchas mujeres se están uniendo a Cynthia y Marie, ya que cada vez más hispanas se matriculan en la universidad después de la escuela secundaria. Un informe de *Pew Research* del 2016 muestra que el 47 por ciento de los graduados hispanos de la escuela secundaria de entre 18 y 24 años se inscribieron en la universidad, frente al 32 por ciento en 1999. Sin embargo, la pobreza ha sido una barrera para que este porcentaje sea aún mayor: el 66 por ciento de los hispanos que consiguieron un trabajo inmediatamente después de la escuela secundaria, manifestaron la necesidad de ayudar a mantener a su familia como una razón para no inscribirse en la universidad para continuar sus estudios, en comparación con el 39 por ciento de los blancos no-hispanos entrevistados.

La pobreza perpetúa la pobreza, sin embargo, a paso lento y con seguridad, la comunidad latina continúa en el camino hacia mayores y mejores oportunidades.

La educación es en realidad una mentalidad que va más allá de un papel emitido por una institución educativa. El aprendizaje continuo y una actitud de curiosidad te sitúan en la vía rápida. Te invitan a pensar en grande y a dejar caer los velos de los condicionamientos culturales que te han impuesto lo que se supone que debes hacer o el límite de lo que puedes lograr en esta vida.

La educación tiene el poder de abrirte los ojos de par en par, llenándote de asombro ante las nuevas posibilidades y animándote a disfrutar un poco de esa tensión interna que sientes al entrar a nuevos espacios mientras caminas hacia una mejor versión de ti misma.

El bien más preciado que me ha dado la educación ha sido la libertad de elegir el tipo de trabajo que quiero hacer, el grupo de personas con el que quiero trabajar y el lugar en el que prefiero vivir. Me dio acceso a viajar por el mundo, saborear otras culturas y hablar diferentes idiomas.

Cuando oigo la frase *"La educación abre puertas"*, pienso *"La educación no abre puertas, sino que te da las llaves del edificio completo"*.

Creo que la educación es el camino hacia la libertad. Y una vez que has saboreado esa libertad, no hay vuelta atrás. Para nuestra comunidad todavía queda bastante trabajo por hacer, y éste empieza en casa. Mamá siempre lo ha sabido.

CAPÍTULO 17

CONSTRUYENDO TU MARCA PERSONAL CON INTENCIONALIDAD

———

"El éxito se alcanza cuando la preparación y la oportunidad se encuentran (Zig Ziglar). O sea, el trabajo que haces y lo que aspiras lograr necesita estar listo mucho antes de que se abra la puerta de la oportunidad para ti".

—MARCELA GÓMEZ, CEO Y COFUNDADORA
DE CULTURE SHIFT TEAM INC.

Bellas, sexis y ruidosas.

Esas fueron las tres palabras más utilizadas para describir a una mujer latina por los participantes en una encuesta de *We Are All Human.*

En la encuesta participaron hombres no hispanos *y también* mujeres. Parece que las latinas no nos destacamos necesariamente por nuestras excepcionales contribuciones y ética de trabajo, sino por nuestros atributos físicos, el volumen de nuestra voz o lo mucho que gesticulamos cuando hablamos.

Creo que nuestro silencio cultural y nuestra invisibilidad abrieron el espacio para que estas percepciones florecieran. Con este silencio e invisibilidad hemos creado un vacío. Y como la naturaleza se encarga de llenar cualquier espacio vacío con *algo,* ocurre que otros humanos llenarán el espacio que hemos dejado abierto por miedo a mostrarnos como quien realmente somos, con sus propios estereotipos y sus percepciones sobre nosotras.

Esto puede ser cambiado, pero para ello se requerirá que derribemos los muros de nuestra invisibilidad y silencio ancestrales.

Lo contrario de dejar un espacio vacío para que otros lo llenen con sus percepciones, es ser intencionales en la construcción de nuestra propia marca o imagen, y decidir cómo vamos a salir al mundo cada día para que no seamos vistas sólo como bellas, sexis y ruidosas.

Construir nuestra marca tiene que ver con definir y comunicar consistentemente quiénes somos así como el increíble trabajo que hacemos, ya sea en el ámbito profesional o social. Tómate un momento para pensar en una marca de cualquier producto que te guste y las razones por las que te gusta. Las marcas que nos gustan y compramos las elegimos muy probablemente porque confiamos en ellas.

Lo mismo ocurre con tu marca personal.

Una marca personal que inspire confianza se construye con la manera en que te presentas a ti misma, con la forma en que te comunicas con los demás y con el cumplimento de tus promesas y compromisos, por nombrar algunos aspectos. Una marca personal fuerte y confiable puede generar mejores oportunidades profesionales y una mayor posibilidad de creación de riqueza.

Para ser más intencional en la construcción de tu marca personal, puedes utilizar este marco simple pero muy poderoso: define tu marca, encuentra tu equilibrio y comunícala.

DEFINE TU MARCA

La construcción de una marca personal exitosa se centra en crear la confianza en los demás de que tu trabajo aportará un valor real y de que lo completarás, aportando tus dones y talentos únicos, mientras mantienes tu equilibrio y tu salud.

A continuación te comparto algunas preguntas que te ayudarán a definir tu marca personal:
- ¿Qué atributos me hacen ser quién soy?
- ¿Qué es lo que aporto?
- ¿Cómo quiero que me recuerden?
- ¿Cómo necesito "ser" para alcanzar mis objetivos?

Entender quién eres es fundamental. Conoce tus cualificaciones, valores, experiencias únicas y logros. Mantén esta información bien presente para poder compartírsela a otros cuando llegue el momento preciso.

Es increíble cómo muchas de nosotras tendemos a restarle importancia a nuestras experiencias profesionales pasadas, a nuestros valores, a los idiomas que hablamos y a las licencias o diplomas que hemos obtenido, y que forman parte de quienes somos hoy. Cuando trabajé con cientos de latinas propietarias de negocios que habían acumulado previamente más de veinte años de experiencia laboral como empleadas de empresas y corporaciones, me di cuenta de que muy pocas le mencionaban a sus posibles clientes cómo esas décadas de experiencia laboral las ayudaban en el presente a llevar un producto o servicio superior al mercado.

Era como si acabaran de empezar a trabajar en ese campo desde cero, habiéndose olvidado de todos sus logros y éxitos previos.

Algo parecido les ocurre a los profesionales que se encuentran empleados en relación de dependencia, que se desplazan a gran velocidad hacia el siguiente proyecto sin detenerse a considerar cómo las contribuciones pasadas les han ayudado a llegar a donde están, y cómo esos proyectos pasados han aumentado su valor profesional ante su empleador.

Yai Vargas es la Vicepresidenta de Relacionamiento Estratégico de la Asociación Hispana de Responsabilidad Corporativa (*Hispanic Association on Corporate Responsibility*, o *HACR*), experta en diversidad, equidad e inclusión y fundadora de *The Latinista*. He observado a Yai construir su marca de manera poderosa y consistente en los últimos años. Por ello, me acerqué a ella para preguntarle cuál había sido su experiencia.

Cuando Yai lanzó su negocio, escribió todo los atributos que formaban parte de quien es. Anotó los logros de los que se sentía orgullosa, su multiculturalidad, sus múltiples idiomas, certificaciones y premios, sus conocimientos de herramientas tecnológicas (Trello, Slack, Zoom, entre otras), los diferentes tipos de organizaciones con las que había trabajado, los países en los que había hecho negocios y las habilidades humanas que poseía como la empatía, la inteligencia emocional y cultural y el servicio al cliente.

También investigó a la "competencia" y anotó qué áreas de especialización les faltaban, para definir cómo ella podría servirle mejor a sus clientes.

"Soy organizada, tengo un tiempo de respuesta rápido y estoy disponible para eventos en persona en todo el país", señaló Yai como sus factores diferenciadores. También añadió que tiene la "energía y las redes de contactos para organizar eventos al menos una vez al mes, mientras que otros lo hacen dos veces al año".

Ser más consciente de quién ella es y de lo que ofrece, le dio a Yai la confianza y las pruebas de que tiene algo valioso y único que compartir con sus clientes.

Tanto si eres empresaria como profesional, tómate el tiempo de anotar todo lo que te hace ser quién eres. Tómate el tiempo necesario para reconectarte contigo misma y recuperar esos recuerdos de grandes logros que han quedado enterrados. Compara cómo ofreces valor frente a la competencia y señala las áreas en las que sobresales.

Ten la lista a mano y léela una vez al mes para mantener la información presente en tu mente. Esa lista reúne los atributos de tu marca o lo que hace que ese *producto llamado tú* sea único.

A continuación, hablaremos de cómo tu trabajo aporta valor. Aquí es donde solemos crear confusión en los demás acerca de lo que realmente hacemos.

Como tendemos a querer cumplir con todos y a hacer a los demás felices, he visto a muchas latinas, incluyéndome a mí misma en algún momento, hacer todo lo que un cliente necesita. Ese es el camino más corto hacia el agotamiento y el colapso, ya que para hacer esto y luego hacer aquello otro debes reinventarte de manera constante. Esa vía también crea confusión en cuanto a lo que realmente haces, y con el tiempo, lleva a diluir tu marca. Pierdes oportunidades porque la gente no puede entender lo que tú haces específicamente.

Una de las lecciones más difíciles para mí fue aprender a decir que *no*, confiando en que al dejar ir ese proyecto o ese cliente aparecería algo mejor. La mejor opción no apareció necesariamente de forma inmediata, y hubo momentos en los que estuve cerca de la desesperación. En esos momentos, me sumergí en un océano de confusión sobre lo que debía hacer con mi vida. Cuando tuve el valor de confiar en mi instinto y desarrollar mi paciencia para permitir que las cosas sucedieran en el momento adecuado, todo se empezó a acomodar y fluir.

Yai explicó cómo creó su marca en torno a un número bien específico de servicios.

"Nunca quise posicionarme como la organización profesional latina más grande que está capacitada para hacer cualquier cosa. Siempre he querido ser la más consistente y la que manejara los temas de más relevancia para mi audiencia", compartió Yai.

"He construido una marca que la gente entiende porque he tenido claro que sólo hago pocas cosas realmente bien: la inclusión cultural en las organizaciones, el desarrollo profesional para los empleados y el posicionamiento de marcas profesionales en la plataforma *LinkedIn*", me dijo Yai. Cuando se le pide que haga algo diferente a esas áreas, rechaza el trabajo con elegancia y remite ese cliente a otra persona de su red.

Este enfoque tipo láser le ha permitido a Yai profundizar en sus áreas de especialización y al mismo tiempo, mantenerse al tanto de las últimas novedades y noticias en relación con su área. "Me siento segura cuando hablo porque sé de lo que estoy hablando. Soy una experta en la materia solamente en las áreas en las que trabajo", dijo Yai.

Piensa en qué es lo que haces y haces bien. No dudes en incluir una nueva área de interés que desees desarrollar como parte de tu crecimiento profesional. Incluir una nueva área te da la oportunidad de reinventarte a medida que el mercado evoluciona. Es conveniente que seas concisa y te mantengas dentro de tres o cuatro áreas. Este ejercicio te invitará a ser más perceptiva y selectiva, y te permitirá empezar a decir *no* en aquellas áreas que no están en tu oferta central de trabajo.

ENCUENTRA TU EQUILIBRIO

La tensión que se crea entre nuestra humildad cultural y la asertividad inherente o autoridad que se requiere en un rol de liderazgo es, quizá, una de las áreas más difíciles de transitar mientras construimos nuestra marca.

En una reciente entrevista de *Alumni Society*, Diana Matos, presidenta emérita del Consejo de Alumnos Latinos Egresados de la Universidad de Brown, compartió su experiencia: "Al crecer como latina me enseñaron a no alardear de mi éxito porque eso se consideraba presumir. *¡Mira que presumida!*", decían, "*¡Mira cómo se engrandece!*". La humildad cultural de los latinos invita a la modestia, el respeto absoluto y la deferencia. No te permite brillar y te hace muy probablemente pasar desapercibida", compartió Diana.

Como latinas que estamos ingresando a puesto de visibilidad y liderazgo, tenemos miedo de alimentar el estereotipo de ser ruidosas o de parecer "mandonas" o "agresivas", especialmente cuando hay hombres en la sala que creemos que nos juzgarán. O bien agachamos la cabeza y hacemos nuestro trabajo en silencio o nos vamos al otro extremo dando la impresión de estar enfadadas o exaltadas.

Entonces, ¿cuál es el equilibrio justo?

El equilibrio justo para tí es aquel que te funcione mejor a tí. Y punto.

Es posible que necesites practicar, equivocarte y volver a intentarlo, hasta que encuentres tu forma ideal de comunicarte y mostrarte. Mientras tanto, puedes prestar atención a cómo reaccionan los demás a tus palabras, puedes pedir opiniones a personas de confianza o quizá observar a las personas que admiras y seguir ajustando para encontrar tu equilibrio.

Si estás en un entorno virtual, puedes grabarte y reproducir el video más tarde. Observa en la grabación tu lenguaje corporal, tus expresiones faciales, tu tono de voz y la manera como interactúas con los demás participantes.

Millie Guzmán, ejecutiva de una empresa de servicios financieros, ha observado que muchas mujeres, no solo las latinas, luchan por encontrar este equilibrio tan delicado.

"Parece que nos vamos de un extremo a otro", dijo Millie. "Me parece que la humildad, tan valorada en la cultura hispana, también puede jugar en tu contra. Luego está el extremo opuesto, en el que parece que hablamos casi sin escuchar o somos demasiado exigentes para que se acepte nuestro punto de vista. Esos comportamientos pueden descolocar a los demás".

En esos momentos en los que te cuesta encontrar tu equilibrio, es bueno recordar que tu objetivo como marca personal es crear la confianza en los demás de que vas a completar el trabajo asignado.

Para alcanzar sus objetivos profesionales a lo largo de su carrera, Millie ha realizado numerosos ajustes en su estilo. Con ello, no buscaba cambiar su esencia y sus valores, por el contrario, intentaba perfeccionar su manera de expresarse y de mostrarse con más eficacia.

Millie tiene un método que pone en práctica antes de ir a reuniones importantes. Se toma el tiempo de hacer una pausa y reflexionar: "¿A qué reunión voy a entrar y qué Millie voy a llevar a ella?".

¿Tengo que llevar a la *Millie que cierra el trato? Si ese es el caso, no pretendo obtener consenso de todos, sino el apoyo suficiente para seguir adelante en el proceso.*

¿O tengo que *convencer que otras personas trabajen en esta idea, ya que no puedo hacerlo sola?*

¿Tengo que *hacer de mediadora y ayudar a que la gente se ponga de acuerdo y encuentre un terreno común donde avanzar?*

Esta flexibilidad para adaptarse es inherente a las latinas, ya que sabemos cómo transitar por múltiples culturas, idiomas y espacios. Pero a pesar de lo poderosas que pueden ser estas habilidades para dirigir una reunión, nos volvemos inefectivas si al momento de usarlas cargamos con un diálogo interno negativo y juicios acerca de cómo nos estamos expresando y si estamos pendientes de lo que otros pensarán sobre nosotras. Cuanto más nos enredemos en ese discurso personal negativo, menos eficaces serán nuestras acciones. La clave es relajarnos y confiar en nosotras mismas.

Mientras te ajustas y perfeccionas tu conducta, sigue observando cómo reacciona el entorno a los cambios que realizas. El mundo se convertirá en tu espejo y te dará información sobre lo que necesitas seguir ajustando, pero al final, el equilibrio correcto para ti sólo vendrá de tu sabiduría interior. ¿Te sientes realizada, equilibrada y has obtenido los resultados deseados? Si es así, ¡Lo más probable es que estés en el camino correcto!

Una vez que hayas captado más profundamente la esencia de lo que te hace ser tú misma y hayas experimentado con la búsqueda de tu equilibrio y tu voz personal, es el momento de ser intencional en promocionarte a ti misma.

¡COMUNÍCALO!

Promocionarte a ti misma puede ser incómodo, nuevo y desafiante, especialmente para nosotras las mujeres latinas criadas en una cultura de silencio y humildad. Hablar de nosotras, del trabajo que hacemos y de nuestras victorias o logros puede ser como ejercitar un músculo por primera vez. Nos sentiremos como entumecidas e incómodas al principio, pero sabemos que la incomodidad comenzará a disiparse después de un tiempo.

Aunque nuestra cultura hispana no promueve hablar de nosotras mismas y de nuestros logros, esta acción es un requisito indispensable para movernos asertivamente por el sistema americano en pos de maximizar nuestro éxito y alcance de metas.

Y la realidad es que promocionarnos es un arte.

Un primer paso para ejercitar este nuevo músculo puede ser mantener una lista por escrito de tus logros, ya sean grandes o pequeños. Así los mantendrás frescos en tu mente y no esperarás a la revisión de fin de año, o que tu cliente te pida un informe de progreso de tu trabajo para recordar el gran trabajo que ya has venido haciendo.

¿Has recibido un comentario positivo de un cliente? Anótalo. ¿Un nuevo entrenamiento o certificación? Escríbelo. ¿Has logrado consenso de tus ideas o tu visión? Anótalo. ¿Conseguiste un reconocimiento fuera del trabajo? Escríbelo. Lleva un diario escrito de todo lo que te parezca una victoria.

Anna García, consultora de estrategia y diversidad, y ex gerente de ventas de una empresa de telecomunicaciones donde fue presidenta nacional de su Grupo de Recursos para Empleados Latinos (ERG), tiene la misión de apoyar a miles de latinas en su crecimiento profesional. Anna hace hincapié en la necesidad de llevar un diario, ya que sabe que muchas latinas que se enfrentan a una revisión de fin de año injusta o incompleta no tienen base para discutirla porque perdieron la cuenta del gran trabajo que hicieron.

En este sentido, Elaine Pérez-Bell, autora latina de origen puertorriqueño, voz destacada dentro del espacio de DEI y Directora de Diversidad e Inclusión en la industria de la ropa, es una gran propulsora de mantener comunicaciones abiertas y continuas que también incluyan los retos o barreras con los que te enfrentas.

"En el pasado, yo no comunicaba en tiempo real cómo sorteaba con éxito los obstáculos y las micro-agresiones que intentaban desbaratar mi creatividad, mi éxito y mi innovación", compartió conmigo Elaine.

Elaine tuvo que superar su tendencia a permanecer callada cuando se encontraba con personas, procesos u otras barreras que le dificultaban mantener sus proyectos encaminados. Siempre creyó que en estos casos el silencio era la mejor opción, pues sentía miedo de ser vista como carente de empuje, o sin la suficiente inteligencia o experiencia para manejar la situación.

Ella sugiere que en la construcción de nuestra marca incluyamos no solo nuestros logros sino también nuestras luchas. "Asegúrate de posicionar el obstáculo en el contexto de la solución que sugieres o que has implementado", dijo Elaine, y agregó "Se trata de cambiar tu mente, para que puedas ver los obstáculos como oportunidades de crecimiento y de adquisición de valor profesional".

Puedes incluso aprovechar las oportunidades casuales para compartir tu gran trabajo y tus logros. Hazlo de forma natural y conversacional. Comparte con orgullo y confianza cómo tu trabajo está creando un impacto y marcando la diferencia. Esto es especialmente importante en el trabajo virtual, ya que tu trabajo no siempre es visible para los demás.

Por último, haz uso asertivo de las redes sociales para comunicarte, tanto si eres propietaria de tu negocio como si eres empleada. Considera las redes como herramientas para construir tu marca y comunicar tus victorias.

Yai Vargas, nuestra ninja de *LinkedIn*, ofreció una buena perspectiva con respecto a este punto: "Es importante que compartas lo que estás haciendo tanto en tu profesión como para la comunidad. Publica sobre cualquier capacitación que hayas terminado. Comparte los eventos que consideres valiosos en tu lugar de trabajo o fuera de él. Comenta artículos que sean relevantes para tu marca personal. Asegúrate de promocionar a la organización y a ti misma, agregándole valor a otros con tus publicaciones".

Así como no existe un solo camino para encontrar tu equilibrio en la manera de mostrarte, no existe tampoco una sola forma de comunicar tus logros. Pero ten por seguro que cuantas más latinas publiquen sus victorias y rompan con las barreras ancestrales de la invisibilidad y el silencio, más latinas se inspirarán para hacer lo mismo. Y juntas ayudaremos a reprogramar las etiquetas sistémicas de 'bellas, sexis y ruidosas' que se nos asignaron.

A veces necesitamos que nos muestren que está bien y es seguro ser nosotras mismas, que está bien estar orgullosas del valor que creamos y que está bien compartirlo abiertamente con el mundo.

* * *

Una de mis luchas internas más difíciles ha sido la de promocionar mi propio trabajo. Un ejemplo fascinante de esto es como después de quizá diez rondas de revisiones de este libro, me di cuenta de que nunca había mencionado mi trabajo como oradora motivacional y como consultora experta en la cultura hispana.

Crecí escuchando que compartir tus logros no es algo que deba hacerse, ya que no es asunto de nadie más, Esta idea puede ser un posible subproducto de haber crecido en un pueblo pequeño donde las noticias se propagan como reguero de pólvora, y donde puedes convertirte fácilmente en el chisme de la semana.

También comprendí que ser tan dura conmigo misma me llevó a minimizar mis logros. Por ello, catalogaba mis éxitos como "lo natural que se esperaba de mí" y no encontraba ninguna razón para comunicarlos ("Al fin y al cabo, para eso me pagan. Hago lo que se supone debo hacer").

La realidad es que en el complejo mundo de hoy, para llevar a cabo lo "natural que se espera de tí" en la mayoría de las organizaciones, se requiere una sólida combinación de múltiples habilidades técnicas y humanas. Como latinas, nos toca valorar aún más nuestras habilidades para transitar diferentes culturas, para encontrar soluciones creativas a los problemas y para hacer nuestro trabajo muy bien.

Al igual que ocurre con cualquier marca, tu valor y tu capacidad para resolver problemas solo serán notadas y valoradas por otros cuando estén ahí fuera, a la vista de todos. Compartir tus logros y promover tu propio trabajo es quizá el paso más crítico a medida que avanzas en cualquier organización. Si quieres que te vean y te escuchen, da el primer paso con intencionalidad y comunica quién eres.

CAPÍTULO 18

CONSTRUYENDO TU RED DE ALIADOS, MENTORES Y PATROCINADORES

———

"Pedir la guía y el apoyo que necesitamos para triunfar, requerirá que superemos nuestro miedo a la vulnerabilidad y que abandonemos nuestra necesidad de autosuficiencia".

—OLIVIA SCHMIDT, DIRECTORA COMERCIAL
DE KYMERA INTERNATIONAL

"No sé cómo crear una red de contactos".

"Es muy incómodo acercarme a la gente y pedirle apoyo. No me parece natural."

"¿Realmente necesito hacerlo para tener éxito en mi carrera? ¿Por dónde empiezo?"

Muchas de nosotras hemos decidido que la creación de redes de apoyo o el contacto con otras personas para obtener su guía profesional no es para nosotras, y por ello desearíamos simplemente trabajar duro y hacernos notar de esa manera. Otras mujeres latinas se esconden tras una autosuficiencia forzada, por miedo a no saber cómo pedir ayuda o por sentirse incómodas al recibirla.

Yo solía paralizarme ante cada oportunidad de ampliar mi red de contactos. Me sentía tan incómoda y fuera de lugar que ni siquiera sabía de qué hablar cuando conocía nuevas personas. Me di cuenta de que al intentar abordarlas, mi primer pensamiento era: "¿Cómo puede esta persona ayudarme?" Con el paso del tiempo me incliné a crear relaciones genuinas. Cuando dejé de lado mis expectativas sobre lo que podría salir de esos nuevos encuentros y empecé realmente a disfrutar el hecho de conocer a otras personas, las puertas de las oportunidades se abrieron más de lo que jamás había imaginado.

Quienes somos inmigrantes o hijas de inmigrantes tenemos la oportunidad de dominar un arte que nuestra cultura no nos ha enseñado pero que resulta indispensable para desenvolvernos con asertividad en el sistema estadounidense: el arte de crear redes de apoyo.

SUPERANDO TU MIEDO A AMPLIAR TU RED DE APOYO, ENFOCÁNDOTE EN EL MAYOR BIEN PARA TODOS

Crear una red de contactos con intencionalidad consiste en extender las alas más allá de la zona de confort, para servir al bien común.

Elisa Charters es la mujer latina destacada, esposa, madre, empresaria y superviviente del 11/Sep que mencione anteriormente en este libro. Elisa forma parte de varios comités y juntas académicas y gubernamentales. A través de la organización *Latina Surge National,* una agrupación sin ánimo de lucro al servicio de las profesionales y empresarias latinas, Elisa aboga por el empoderamiento de las latinas y la creación de riqueza. Además, es muy activa en otras múltiples organizaciones.

Elisa posee la red de contactos más extensa, diversa y activa de todas las latinas que conozco. Así que a la hora de entender cómo crear una red, no dudé en ponerme en contacto con ella.

"Elisa, ¿cómo podemos nosotras las latinas, y en particular las inmigrantes o hijas de inmigrantes, ser más efectivas al crear nuestras redes?", le pregunté. "¿Y cómo podemos crear la confianza interna para hacerlo?"

Al escuchar mis preguntas, Elisa compartió su historia conmigo por primera vez. Aunque nos conocíamos desde hacía varios años y habíamos trabajado juntas en varios proyectos, nunca tuvimos el tiempo para profundizar en cómo su pasado había moldeado su presente.

"Me crié en Passaic, Nueva Jersey, en un barrio de clase media baja de inmigrantes", cuenta Elisa. La suya era la única familia latina del barrio, con raíces en Perú y Argentina. En aquella época, sus vecinos creían que era puertorriqueña, pues probablemente lo único que su comunidad conocía sobre hispanohablantes en los Estados Unidos era que procedían de Puerto Rico.

Elisa recuerda con claridad que cuando cursaba el segundo grado, su profesora la sentó con tres chicos negros y latinos, que incluso a su corta edad, eran conocidos por ser los de peor rendimiento de la clase. Ella era la única niña latina de la clase designada para sentarse con ellos. Fue segregada por su herencia latina y por el prejuicio de que los niños de color debían estar juntos, pues todos tenían bajo rendimiento.

"Mi confianza se desplomó en ese momento cuando supe que todos los niños de esa clase entendían que éramos los 'lentos'", me contó Elisa, y añadió: "Sentí que me señalaban por ser diferente". Elisa era una niña tímida, y la etiqueta asignada por su profesora fomentó el acoso por parte de otros niños, lo que la hizo retraerse aún más.

Esta historia me resultó difícil de entender, ya que he visto a Elisa actuar; ella desprende confianza en sí misma al estar rodeada de líderes y personas influyentes ante quienes muchos otros se intimidarían. Si ella revirtió sus primeras experiencias y salió al mundo para crear la impresionante red que ha construido, también puede hacerlo cualquier otra persona que tenga ese firme propósito.

El momento del cambio radical de Elisa se produjo en una pequeña escuela secundaria solo para niñas. "La escuela fue como una incubadora para el desarrollo de mi confianza, lo que me permitió ser introspectiva sin juzgarme", dice.

"Me tomé el tiempo necesario para conectar conmigo misma y descubrir quién soy y de lo que soy capaz", compartió Elisa. "Me di cuenta de que todo el tiempo anterior me había estado juzgando, prestando demasiada atención a lo que los demás pensarían de mí. Me había limitado a mí misma".

Cuando Elisa superó sus propias inseguridades iniciales y se propuso de manera intencional a construir su red de contactos, su reputación para *trabajar duro y para hacer que las cosas sucedan* se convirtió en un componente importante de su éxito. A Elisa le encantaba el tenis, pero no podía permitirse clases particulares. Por ello, se dirigía al parque después del colegio para jugar golpeando la pelota contra una pared. Con el tiempo, consiguió ser seleccionada para jugar deportes en la escuela secundaria, y luego logró practicar varios deportes de equipo en la universidad.

Experimentó que cuando un grupo trabaja unido por un objetivo común, a la gente no le importa tu aspecto o el color de tu piel. A los miembros del equipo les importa lograr el objetivo común, por lo que te recompensan por tus contribuciones y te respetan por elevar el rendimiento del equipo.

Descubrió que lo mismo ocurría cuando se creaba una red de profesionales.

"Mi red de profesionales comenzó a través de proyectos en los que participé", me contó Elisa, revelándome cómo el trabajo con otras personas fue un ingrediente clave para ampliar su red.

"La verdadera fórmula para superar nuestras barreras y crear relaciones significativas es trabajar juntos en una misión u objetivo común".

"A medida que generas la confianza al hacer tu parte para alcanzar ese objetivo común, creas un vínculo que puede durar para toda la vida", afirma Elisa. "La gente aprecia y recuerda tus contribuciones".

Para Elisa, crear y ampliar una red de contactos no es cuestión de tener demasiada confianza en sí misma y ser extrovertida. Es alentador saber que una red sólida puede construirse a partir de tu compromiso y tu pasión por tu trabajo.

"Todavía soy aquella latina tímida", continúa. "Aún tengo ese miedo al rechazo que desarrollé a partir de mis experiencias infantiles. Aquellos acontecimientos dejaron una huella difícil de borrar de mi mente y mi espíritu", afirma Elisa.

Añadió que todavía puede sentirse intimidada: "Cuando me dirijo a personas de alto nivel, aún puedo pensar que no quiero 'molestarles' o me preocupa que lo que tengo que decir no les importe o no sea bien recibido". Elisa hizo una pausa, respiró hondo, y añadió: "En estos casos, mi solución es crear confianza en los demás de que puedo crear valor hacia un objetivo en común".

Elisa aprendió a centrarse en los intereses comunes y en las posibilidades que se abrían al trabajar en equipo con otras personas, en lugar de distraerse con lo que sentía al acercárseles o al pedirles ayuda. Esto le ha funcionado. Los demás aprecian y valoran su autenticidad a la hora de entablar relaciones en las que ambas partes salen beneficiadas.

DOMINANDO EL ARTE DE BUSCAR APOYO Y ORIENTACIÓN
Quizá lo más difícil para nosotras, las mujeres latinas, sea pedir ayuda a los demás. Volvernos vulnerables y solicitar

apoyo puede llevarnos a sentir que no somos lo suficientemente buenas como para lograr lo que queremos por nosotras mismas. Además, la búsqueda de apoyo en sí misma es
incómoda cuando se lleva una narrativa de desmerecimiento,
pues podemos sentir que no merecemos recibir la ayuda, o
podemos tener miedo de quedarnos con una deuda que ten-
dremos que pagar a futuro.

Adrienne Valencia García es una ejecutiva hija de inmigrantes latinos que trabaja para una empresa líder en educación
en línea. Como buena conocedora del tema creación de redes
de contactos, me contactó a través de LinkedIn y me ofreció
su apoyo para todo lo que necesitara. Por la forma como
se acercó a mí, me di cuenta de que dominaba el arte de
relacionarse con los demás, así que la contacté para aprender
acerca de su propia experiencia en pedir ayuda a otros para
progresar en su profesión.

"Tengo la suerte de tener muchos buenos amigos que son
hombres blancos. Con los años he aprendido de su comportamiento, de cómo piden lo que necesitan", dijo Adrienne. Y
añadió: "Las mujeres latinas nos decimos a nosotras mismas:
'no quiero ser maleducada' o 'no quiero ser avara', mientras
que los hombres tienen muy claro lo que quieren y lo piden
varias veces, no solo una".

Adrienne dio en el clavo sobre cómo llegar a los posibles
aliados y motivarlos a que la apoyen. "A la gente le encanta
compartir sus historias de éxito, así que no tengas miedo de
preguntar: *¿Cómo lo hiciste? ¿Cómo pediste más dinero? o
¿Cómo lograste ese ascenso?*". Cada organización es única y

no hay mejor manera de navegar efectivamente tu lugar de trabajo que aprender de quienes lo han hecho antes que tú".

Adrienne comprende el inmenso valor de una red diversa, y es asertiva a la hora de elegir a quién pedir ayuda. "Se trata de conectar con quienes tienen acceso a los lugares a los que nosotras aún no hemos llegado. Si nos rodeamos solo de latinas, nos estamos perdiendo de algo porque, al menos de momento, pocos puestos de liderazgo están ocupados por nosotras. Necesitamos rodearnos de otras personas, no solo de otras latinas o mujeres. Necesitamos de hombres que quieran ser también nuestros consejeros y patrocinadores".

Adrienne crea relaciones con sus pares, así como con personas de niveles superiores e inferiores al suyo, pues "cualquiera de ellos puede crecer más que tú, en algún momento".

Reconociendo que las relaciones son como las flores de un jardín, Adrienne las riega y las cuida. ¿Cómo lo hace? Al menos cada trimestre se acerca a charlar sobre temas familiares, aniversarios de los que está al corriente, eventos, artículos que puedan ser de interés o cualquier otro tema que surja de forma natural y casual.

Y cuando llega a un cierto nivel de confianza, Adrienne hace preguntas puntuales como: "John, ¿qué opinas de lo que tengo que hacer para pasar al siguiente nivel? ¿En qué sugieres que me enfoque a futuro? ¿Qué oportunidades de mejora tengo?" La próxima vez que haga contacto con John, Adrienne intentará actualizarlo sobre lo que ha hecho para poner en práctica sus consejos. A todos nos gusta saber que nuestras sugerencias han sido útiles. Ahora John es consciente de que Adrienne se ha comprometido a ascender, y puede que sienta el compromiso de seguir guiándola y, en última instancia, de abogar por ella cuando se presente la oportunidad.

Además, John podría ofrecerse a conectar a Adrienne con otras personas de su red que puedan serle útiles. Esa presentación personal puede cambiar las reglas del juego, sobre todo con las personas en puestos de liderazgo, quienes confían en el criterio de John y pueden estar dispuestas a dedicarle parte de su tiempo a Adrienne.

Cuando se trata de conectar con gente nueva, Adrienne sugiere que envíes una nota personalizada al invitar a esa persona a conectarse contigo en LinkedIn. Tal vez escuchaste a alguien hablar en un panel y un comentario en particular llamó tu atención. Cuando te pongas en contacto con esa persona, algo que Adrienne recomienda hacer lo antes posible después del evento, recuerda incluir ese comentario en tu invitación.

"Hola Valeria, acabo de escuchar tus comentarios en el panel y me ha parecido muy enriquecedor lo que dijiste sobre las latinas. Sería un honor formar parte de tu red". Luego, cuando recibas una respuesta, puedes pedir un café virtual de quince minutos para aprender más sobre ella.

"Se trata de ser intencionada, estratégica y de desarrollar resiliencia para cuando no obtengas respuesta. Y lo más importante, sé genuina y recuerda: si no pides, la respuesta siempre será no".

Cuando se trata de mantener la red de contactos activa, una buena práctica que un colega masculino compartió conmigo fue fijar recordatorios en mi calendario para volver a conectar con la gente de mi red cada tres meses. Y esto no implica necesariamente una reunión. Podemos ser creativos a la hora de utilizar las redes sociales o los mensajes de texto para mantener el contacto con la gente. Haz lo que funcione mejor para ti. Recuerda que incluso un breve mensaje o comentario en LinkedIn, de vez en cuando, te mantiene conectado y presente en sus mentes.

Da un micropaso para ampliar o activar tu red de contactos. Considera la posibilidad de conectarte con otras personas, nuevas o conocidas, o de participar en un nuevo proyecto que pueda darte acceso a un nuevo círculo. O asiste a eventos relacionados con causas cercanas a tu corazón, y conéctate con diferentes personas, no solo latinas y mujeres. Como dice Adrianne: "¡Necesitamos que los hombres sean nuestros mentores y patrocinadores también!".

DESCUBRIENDO LA MEJOR MANERA DE APOYAR TU CARRERA A TRAVÉS DE MENTORES

La mentoría es muy necesaria para que las latinas sigamos accediendo a espacios de liderazgo. Quizá estemos llamadas a superar nuestro miedo a la autoridad y nuestro sentimiento de desmerecimiento para atrevernos a buscar el apoyo que necesitamos.

Un mentor es una persona que ofrece orientación y guía a partir de su propia experiencia y su conocimiento sobre la empresa. Por lo general, se trata de alguien que ya ha recorrido el camino que tú piensas recorrer y que puede facilitarte la tarea orientándote sobre lo que funciona mejor y lo que debes evitar.

Algunos mentores pueden simplemente presentarse y ofrecerte apoyo, y otros pueden esperar a que te dirijas a ellos. No hay una regla fija y cada organización es diferente.

Adrienne se asegura de mantenerse informada y de participar de manera activa (como mentora y como participante) en todos los programas formales de mentoría que ofrece su compañía, y no tiene miedo de soñar a lo grande. "Si puedes, solicita al director general o al líder de uno de los negocios", recomienda.

Para Elaine Pérez Bell, voz destacada en DEI, está claro que los grupos subrepresentados necesitan *más* mentores y patrocinadores que otros que no son tan diversos. "Los subrepresentados tienen que hacer el trabajo abogando por sí mismos, pero también tienen que ser muy conscientes de rodearse de personas que puedan hablar de ellos y de su trabajo, especialmente cuando no están presentes", dijo Elaine.

Un buen mentor no se limita a proporcionar orientación. Probablemente te sacará fuera de tu zona de confort para que ganes visibilidad dentro de la organización.

El mejor consejo que recibió Elaine en su carrera fue dar el paso de solicitar tiempo con un ejecutivo. "Mi mentora latina me sugirió que concertara una cita con un ejecutivo y tuviera

una conversación para entender su trayectoria profesional",
cuenta Elaine. "Al principio dudé, pero mi mentora latina
insistía en que muchos ejecutivos están dispuestos a hablar
de su trayectoria. Tenía razón", afirma Elaine.

Elaine salió de su zona de confort y pidió una reunión con
un ejecutivo. Me compartió que mereció la pena dar ese paso.
Se reunieron durante más de una hora, y el ejecutivo terminó
haciendo más allá de lo esperado por servir de mentor y
patrocinador de Elaine.

Si aún tienes dudas de acercarte a un posible patrocinador
o mentor, permíteme compartir las perspectivas de algunos
de ellos, que consideran que parte de su trabajo consiste
en brindar apoyo a otros en su camino, ya que han sido
testigos de la importancia que la mentoría tiene en nuestro
progreso colectivo.

Para algunas personas, ayudar a los demás no es solo una
fuente de satisfacción, sino también su misión y su propósito.

ABRAZANDO LA MISIÓN DE APOYAR A OTRAS LATINAS EN SU CAMINO DE CRECIMIENTO

Peggy Anastos es una líder puertorriqueña que ha alcanzado
un número significativo de logros, destacándose como asesora en espacios estatales y nacionales, y abriendo caminos en
territorios a los que solo unas pocas latinas habían accedido
antes que ella.

A lo largo de su carrera ha apoyado al Presidente y Vicepresi-
dente de los Estados Unidos, así como a varios gobernadores,

y fue la persona designada durante la presidencia de Clinton para formar parte de la Conferencia de la Casa Blanca sobre la pequeña empresa. Peggy ha ganado múltiples premios a lo largo de su carrera abogando por los niños, la salud de la mujer y las causas de la comunidad latina.

"Tú has sido una de las pocas latinas en un puesto de gran influencia en la Casa Blanca. ¿Quién te abrió esa puerta?" Le pregunté a Peggy mientras caminábamos por la oficina de su casa. Peggy me abrió las puertas de su hogar y me compartió los múltiples artículos de prensa y fotografías que reflejaban su extensa vida de servicio, y los muchos líderes a los que había asesorado.

"Una hermana latina me abrió esa puerta", dijo Peggy. "En eso consiste la verdadera hermandad: crear confianza mutua, ser leal, abrirse puertas y oportunidades, y estar absolutamente orgullosas las unas de las otras", añadió. Y de hecho, esa verdadera hermandad es lo que Peggy refleja en sus acciones.

Conocí a Peggy porque ambas servimos en la junta directiva de *LUPE Fund*, una organización sin ánimo de lucro que aboga por la educación y el empoderamiento de las latinas. Peggy es enérgica y trabajadora, y un gran ejemplo de la nueva mentalidad latina que desarrollo en este libro. Apoya a otras latinas introduciéndolas a su red de contactos, estando presente en sus eventos, ofreciéndoles palabras públicas de aliento y asegurándose de que se reconozca el trabajo que hacemos. Por encima de todo y sin ningún interés personal, les abre las puertas a otras mujeres latinas que están en camino a afianzarse en sus profesiones y comunidades.

"Nuestro vínculo como latinas es real y profundo. Aunque es cierto que ha habido cierta competencia y celos entre las latinas, tenemos una conexión silenciosa pero poderosa entre nosotras. Muchas de nosotras entendemos que la única manera de acceder a nuevos espacios de liderazgo e influencia es haciéndolo juntas", continuó Peggy.

Titi Peggy es un dinamo que utiliza su energía para el bien común. Entre las múltiples iniciativas en las que participa, ha abogado por la incorporación de Puerto Rico como el quincuagésimo primer estado del país y sueña con celebrar algún día esa victoria histórica.

Cuando le pregunté a Peggy quién era su modelo a seguir, mencionó a su madre y a su abuela. Peggy procede de un linaje de mujeres fuertes que se asociaron con hombres en igualdad de condiciones para crear el cambio, y ella nos muestra cómo hacer exactamente lo mismo, dejándonos un poderoso legado.

Mientras trabajamos para alcanzar nuestros sueños y metas, Peggy nos anima en todo momento y nos ofrece su orientación y su apoyo. Y cuando conseguimos una victoria, no importa si grande o pequeña, lo celebra con nosotras genuinamente orgullosa de nuestros logros.

Peggy entiende que cuando una de nosotras crece, supera barreras o logra algo importante, todas lo hacemos.

NINGUNA LATINA SE QUEDARÁ ATRÁS

Lory Burgos, Directora de Mercadeo multicultural de *Nationwide* y un ser humano increíble, tomó la iniciativa de convertirse en mentora para latinas más jóvenes.

"Cuando veo buenos talentos que creo serán receptivos a sugerencias y a recibir apoyo, los cobijo bajo mis alas", dice Lory. "No espero a que las latinas acudan a mí porque algunas no lo harán. Mi enfoque consiste en iniciar la conversación para saber cómo les va, y luego ellas empiezan a acudir a mí de forma natural", explica.

La Dra. Katia Paz Goldfarb tiene una misión similar: marcar la diferencia en la vida de las mujeres de color. Es Vicerrectora de la Universidad Estatal de Montclair (*Montclair State University*) y una de las latinas con más alto puesto de liderazgo en el mundo académico de la zona tri-estatal. La Dra. Goldfarb, cuya agenda está generalmente muy ocupada, no se ha cansado de aprovechar al máximo cada oportunidad de ayudar a la próxima generación. Reconoce que el trabajo que hay que hacer es importante y más que necesario, y que no hay suficientes latinas en puestos de liderazgo para llevarlo a cabo.

"Comparto con mis alumnas exactamente lo que necesitan hacer para avanzar; me enfoco en lo que no se les ha dicho porque por lo general, suelen ser las primeras de sus familias en acceder a la educación superior", dijo la Dr. Goldfarb.

La Dra. Goldfarb se empeña en ayudar a otros a desarrollar una mentalidad de éxito.

> *"He descubierto que cuando las personas se encuentran con un mentor que puede ayudarlas a superar la mentalidad de desmerecimiento, invisibilidad e inferioridad, generar el cambio que deseamos se convierte en una gran posibilidad".*

En la próxima década veremos un aumento en el número de latinas que necesitarán mentores y patrocinadores, sobre todo porque el 30 por ciento de las mujeres latinas tienen hoy en día dieciocho años o menos, según un estudio de *Pew Research*. Esto también significa que no habrá suficientes latinas con experiencia en puestos de liderazgo para satisfacer la demanda de mentoras y patrocinadoras.

El rol de los aliados en el progreso de nuestra comunidad es incuestionable. Sin embargo, la responsabilidad no es sólo suya. El progreso y el cambio dependen de que nosotras, las mujeres latinas, superemos nuestras narrativas limitantes de inferioridad, división, infravaloración y autosuficiencia y seamos lo suficientemente vulnerables como para pedir ayuda. Hay muchos aliados esperando y listos para dárnosla.

CAPÍTULO 19

ROMPER LAS CADENAS TRANSFORMA NUESTRAS VIDAS Y LAS DE LAS PRÓXIMAS GENERACIONES

———

"Vengo de una larga tradición de mujeres fuertes.
Mi madre y mi abuela creían que en los Estados Unidos
se podía hacer cualquier cosa, y nos enseñaron que con
los pocos recursos que teníamos íbamos a conseguir lo que
queríamos. Aprendí a enfocarme en lo que quiero
y no en lo que no tengo".

—TERESA BELMORE

Allá por el 2016 recordé una conversación que tuve con mi abuela materna, Berta Müller de Schimpf, un día que fui a almorzar a su casa entre clase y clase cuando estaba en la escuela secundaria.

"¡Hola abuela!" le dije al entrar cargando mi mochila escolar a su pequeña casa de ladrillos.

"Hola Vale", me respondió alegremente desde la cocina, donde estaba preparando un delicioso estofado casero.

Mientras disfrutábamos de la comida, le conté que me costaba encontrar mi sitio entre mis compañeros del colegio. Me sentía como un bicho raro, y mi vida era una constante lucha diaria.

"Abuela, a veces me pregunto qué se supone que debo hacer en mi vida. Estoy muy entusiasmada de ir a la universidad dentro de unos años, pero ¿y después? ¿De qué se trata la vida?" Le pregunté, mientras esperaba a que se enfriara un poco el delicioso guiso que tenía en mi plato.

"Ser feliz. De eso se trata la vida", dijo mi abuela. Ella no necesitaba una educación formal, una carrera profesional grandiosa, ni grandes sumas de dinero para comprender que estamos aquí para crearnos una vida feliz.

Mi abuela añadió: "Lo que estás haciendo es romper las cadenas. Irás a lugares a los que ninguna de nosotras pudo ir, así que rompe esas cadenas por nosotras y por las que vendrán".

Atesoré esas palabras en mi corazón con la esperanza de que algún día llegaría a entenderlas en su totalidad.

* * *

Después de mi "sacudida hacia el despertar" en el 2016, estaba decidida a entender lo que quiso decir mi abuela. Ella había fallecido unos años antes, y yo me encontraba pidiendo una señal, una revelación o un milagro.

¿Romper las cadenas por mí, por mis antepasados y por mi hija? ¿Qué significaba eso? Mi hija permanecía aún en la seguridad de nuestro hogar y todavía no había salido al mundo. ¿Cómo cambiaría mi propio proceso de *desaprendizaje* la vida de Valentina, exactamente?

Quería pruebas de lo que romper las cadenas realmente significaba.

Cuando Aixa López compartió su historia conmigo, encontré las respuestas que buscaba.

Aixa es la mujer nacida en Puerto Rico con quien trabajé por un tiempo mientras lideraba una plataforma educativa para empresarios hispanos en Nueva Jersey. Desde el primer día disfruté de su risa espontánea, y me impresionó su capacidad para dirigir con facilidad y autoridad a varias personas hacia un objetivo común.

Durante una de nuestras conversaciones, Aixa mencionó que siendo muy joven había trabajado con grupos extensos de hombres donde la única mujer del equipo era ella. Esa experiencia cambiaría su vida para siempre. También recuerdo haber visto una de sus fotos en la que aparecía, a sus veinte años, aprendiendo a conducir maquinaria pesada; una imagen que no encajaba del todo con la Aixa femenina y amante de la moda que yo conocía.

Algo me decía que conocer su historia sería un viaje fascinante, tan único como debe ser para una joven aprender a conducir maquinaria pesada por el barro y las colinas.

Ese "algo" era cierto. Cuando trabajaba en la escritura de este libro, le pedí a Aixa que nos conectáramos vía Zoom. Mientras estaba sentada al otro lado de la pantalla, le pedí que me contara toda su historia.

Y así lo hizo.

Al terminar la secundaria y estando en Puerto Rico, Aixa decidió estudiar ingeniería. Su madre tenía dudas sobre esa elección, porque al compartir las aspiraciones de su hija en la iglesia, le habían dicho que "la ingeniería no es una carrera para mujeres". Pero Aixa sabía en su corazón que la ingeniería era lo suyo.

Sin ella saberlo, un día su abuela reunió a la familia alrededor de la mesa y manifestó su apoyo a su nieta. Incluso convenció a otros miembros de la familia para que aportaran veinticinco dólares cada mes para cubrir los gastos de la matrícula de Aixa.

Romper las cadenas significa defender lo que realmente quieres, yendo más allá de lo que se supone que debes llegar a ser y desafiando lo que está permitido para una mujer como tú en ese momento.

Los temores de su madre estaban justificados. Una encuesta del 2019 titulada "Las mujeres en la ingeniería, en cifras"

-"*Women in engineering by the numbers*"- muestra que solo el 13 por ciento de los ingenieros son mujeres. En los años noventa, Aixa recuerda que las mujeres representaban quizá el 5 por ciento de los graduados en esa área. Aunque había otras mujeres en la escuela de ingeniería, la realidad de estar en una *profesión considerada masculina* le quedó clara cuando empezó a trabajar en el área de la manufactura y se dio cuenta de que era una de las pocas ingenieras en la planta.

"Todo esto de ser latina, ingeniera, joven, era una combinación bastante desventajosa a finales de los 90", recuerda Aixa. En su primer trabajo y para su sorpresa, le dijeron cómo tenía que vestirse. La empresa farmacéutica para la que trabajaba tenía incluso un manual con directrices sobre la vestimenta que podían llevar las mujeres ingenieras en la planta. No se trataba de una cuestión de seguridad ya que no existía un libro similar para los ingenieros. "Ese manual reglamentaba el largo de mis faldas, el color de mi ropa y la altura de mis tacones, entre otras cosas".

Todo esto se pondría aún más interesante.

Cuando cumplió veintinueve años, se le presentó una oportunidad en el sector de la construcción trabajando para Obras Públicas en Puerto Rico, la cual decidió aceptar.

En su primer día de trabajo, Aixa se levantó antes de lo acostumbrado y se preparó para salir a la calle con una falda y una chaqueta azul marino, que era el uniforme que le habían requerido en la farmacéutica. Como no iba a caminar por la planta, se puso los zapatos de tacón y salió.

"Nunca jamás olvidaré mi primer día como directora de obras públicas", dice Aixa, con una emoción clara en la voz.

Esa mañana llegó al edificio municipal y el alcalde la estaba esperando. "Permítame llevarla a su oficina", le dijo. "Su equipo la espera para conocerla".

Mientras entraban en el complejo de Obras Públicas, a sólo unas manzanas de distancia, Aixa pudo distinguir el enorme edificio de oficinas rodeado de camiones y maquinaria pesada. A la derecha del edificio y congregados alrededor de la estación de bombeo, la esperaba un grupo de hombres vistiendo ropa de construcción, zapatos de seguridad y chalecos amarillos.

"¿Qué he hecho?" se preguntó Aixa cuando vio a más de 300 hombres reunidos, esperando. Tenía experiencia supervisando un equipo de 100 personas, pero no de 300. Y no todos hombres, por el amor de Dios. Empleados de saneamiento, equipos de construcción, pavimentación y asfaltado, conductores de autobuses, todos estaban allí. Y todos ellos le reportarían a su "yo" de veintinueve años, en una cultura machista.

"Tenía miedo de salir del automóvil porque sabía que iba vestida de forma muy inapropiada", recuerda. Pude notar la tensión en su voz al evocar este recuerdo. "No había ni una sola mujer, y menos con falda y tacones".

Debió haber mirado al alcalde con horror en sus ojos, porque él le dijo en tono tranquilizador: "No se preocupe, todo va a salir bien". Poco sabía de lo que iba a ocurrir a continuación.

Aixa respiró hondo, se armó de valor y salió del automóvil. Cuando los hombres la vieron, volvieron sus miradas hacia los compañeros a su alrededor y empezaron a hacer comentarios y reírse. Los trescientos hombres a la vez hablando y riéndose de ella.

"De esta semana, no paso en este trabajo", pensó, con un nudo en el estómago. Estaba horrorizada y asustada.

El alcalde se paró frente a la multitud, tomó el micrófono y reprendió el comportamiento del grupo, actitud que decía mucho de su increíble capacidad de líder y aliado. "Me gustaría saber de qué se ríen", dijo mirándolos. "¡Esto es muy irrespetuoso! Aixa es la mujer que elegí para liderar este grupo, y tiene todo mi apoyo", dijo con firmeza.

Se hizo un silencio sepulcral.

Romper las cadenas significa aceptar que existen aliados y aceptar que están dispuestos a defenderte y apoyarte.

Aixa apenas recuerda lo que pasó después. El alcalde le pidió que se acercara y dijera unas palabras a su nuevo equipo. Le temblaban las piernas y, hasta hoy, no recuerda lo que dijo. No fue lo que llamaríamos un comienzo estelar.

Durante las tres o cuatro primeras semanas en su nuevo puesto, Aixa se preguntaba continuamente si debía quedarse o marcharse. No era ingeniera civil sino industrial, y no tenía experiencia ni en obras públicas ni en el gobierno. Se mantuvo lo más tranquila posible y no se centró en lo que no sabía, sino en lo que *sabía* que *podía* hacer. "Sé cómo organizar el trabajo, y sé cómo hablar con la gente para conseguir que las cosas se hagan", pensó.

A medida que aceptó, sin intentar silenciarlas, aquellas voces en su cabeza que le decían: "Este no es tu sitio", "No sabes lo que haces" y "No sirves para este trabajo. Este es un trabajo de hombres", las voces se fueron apagando y Aixa concentró su energía en el trabajo que tenía que realizar.

Había cientos de cajas con quejas de la comunidad que nadie había atendido. El sistema estaba paralizado. Pero Aixa creó una línea de producción pidiendo que empleados de otras áreas ayudaran a clasificar las quejas por región y tipo de reclamo, y elaboró el calendario de trabajo dirigiendo a sus cuadrillas a los diferentes sitios con antelación y de forma organizada.

Cuando los integrantes de su equipo se dieron cuenta de lo que era capaz de hacer, todo cambió. Se ganó su respeto y su confianza.

Romper las cadenas es aceptar que tus sentimientos de carencia e indignidad seguirán existiendo dentro de ti y que, aún así, puedes ser excelente en lo que haces si rediriges tu atención hacia lo que SI puedes hacer.

En aquella época, sus empleados la llamaban para pedirle una excavadora, una retroexcavadora o una topadora, y Aixa no tenía ni idea de lo que le hablaban. Después de cenar, se metía en Internet para aprender sobre la maquinaria pesada y sus usos. Se sentía abrumada por su síndrome del impostor, pero quería triunfar.

Fue entonces cuando decidió acudir al subdirector y pedirle ayuda. Este hombre llevaba allí toda su vida y podía ser un gran mentor. "Quizá puedas ir a las obras y pasar tiempo con las cuadrillas", el subdirector le sugirió. "Aprende lo que hacen y demuéstrales que estás aquí para trabajar por un objetivo común".

Romper las cadenas significa buscar mentoría y apoyo, incluso cuando te sientas incómoda al pedir ayuda.

Aixa se tomaba medio día los viernes para dirigirse a los sitios de trabajo de su cuadrilla. Se presentaba a las cuatro de la mañana en los trabajos que habían empezado a las dos de la madrugada. Visitaba varios proyectos y pasaba tiempo con su gente. Así fue como empezó a conectar con ellos a nivel humano. Todo se transformó cuando ellos veían que podían aprender a trabajar con ella, y que ella quería aprender a trabajar con ellos.

Los integrantes de las cuadrillas estaban agradecidos y sorprendidos. Era la primera vez que un director pasaba tiempo con ellos. A medida que crecía la confianza mutua, empezaron a acudir a ella para pedirle orientación: "Ingeniera, ¿podemos...? Ingeniera, ¿qué tal si...?".

Como mujeres, queremos respeto y cambios para que el sistema sea más inclusivo y equitativo. A su vez, debemos considerar que muchos hombres no saben realmente cómo cambiarlo y cómo hacerlo rápido. A veces parecen estar más perdidos que nosotras sobre cuáles son las soluciones, es por eso que tenemos que trabajar juntos. Aixa se dio cuenta de que para que las cosas cambiaran, las soluciones tenían que venir de ambas partes. No podía ser de un solo lado.

En total, Aixa tardó de seis a ocho meses para sentirse segura en su trabajo y ganarse el respeto de los más de 300 hombres que trabajaban bajo su dirección.

En el proceso, Aixa tuvo que mostrarse a sí misma un alto grado de compasión. Sus errores no eran fáciles de ocultar y le causaban algo de vergüenza. Desde la vez que pisó el asfalto caliente con sus bonitas botas cuyas suelas empezaron a derretirse, hasta cuando se quedó atascada en el barro mientras conducía un camión y tuvo que pedir ayuda por radio, deján- dole saber a todo el equipo que estaba atorada y no podía salir.

Romper las cadenas significa tenerte compasión, y amarte a ti misma incondicionalmente más allá de tus errores.

Uno de los aspectos más desafiantes para Aixa era el prejuicio sistémico y las microagresiones a las que se enfrentaba en una cultura machista.

Aixa se estremecía e incomodaba cuando los hombres habla- ban de "temas de hombres" justo a su lado, pero también comprendía que muchos de ellos no sabían cómo tratar a una mujer en ese contexto. Su presencia allí era nueva para ellos. Aixa sabía que tenía que aprender a desenvolverse en ese espacio, pero ellos también tenían que hacerlo.

Cuando las microagresiones o las bromas eran demasiado para ella, se acercaba a la persona y le decía: "Mira, creo que eso no es apropiado". Aixa no se enfadaba ni estaba a la defensiva. Simplemente proporcionaba la información que los demás necesitaban para trabajar en armonía. Y tenía el suficiente amor propio e ímpetu como para establecer los límites necesarios en el trabajo.

Romper las cadenas significa reclamar respeto desde un espacio neutral, y entender que todos hacemos lo mejor que podemos con lo que sabemos.

Los hombres están intentando descifrar todo esto tanto como nosotras. Una encuesta de *Lean In* indica que el 60 por ciento de los directivos masculinos se sienten "incómodos al participar en una actividad laboral común con una mujer, como por ejemplo: ser mentores, trabajar solos o socializar juntos, porque les pone nerviosos cómo se vería eso para los demás"; en otras palabras, la relación entre géneros corre el riesgo de volverse superficial y poco profunda cuando el miedo se entromete. Pero si todos abordamos esta cuestión con compasión por nuestro proceso de crecimiento, podremos empezar a solucionar los problemas sistémicos.

El día que Aixa dejó su trabajo para mudarse a Nueva Jersey, se le organizó una gran comida de despedida al aire libre. Hasta hoy, sigue en contacto con muchos de los miembros de su antiguo equipo.

Romper las cadenas significa amar quién eres tan profunda y auténticamente que los demás te aceptarán como verdaderamente eres.

"Mi legado fue que dijeran que hubo un 'antes de Aixa', y un 'después de Aixa'", me confesó; y, definitivamente, así fue.

Creo que también hubo "un antes y un después de Aixa" en su mentalidad, su autoimagen y su confianza para construir relaciones sólidas y alianzas con los hombres. "Si los hombres tienen el poder, no funciona hacer de ellos un enemigo. Conviértelos en tus aliados", afirma Aixa.

La historia de Aixa es un ejemplo de un continuo desaprender los comportamientos colonizados, y del poder de transitar asertivamente por espacios desafiantes como la única mujer en ese lugar. Su historia pone en evidencia que cuando te centras en mostrarte como realmente eres en el trabajo y en agregar valor, los demás tienden a notarlo y valorarlo, por muy diferente que te veas o por muy fuera de lugar que te sientas.

* * *

Pocos meses después de esta conversación, volví a sentarme ante mi computadora. A través de mi pantalla, una joven que se parecía a Aixa me miraba fijamente. Su nombre es Andrea, y es la hija de Aixa.

Andrea, una joven de veinticinco años con una energía tranquila y a la vez vibrante, nació en Puerto Rico y llegó a Estados Unidos a los ocho años.

Hace unos años alcanzó su sueño de graduarse en el prestigioso Instituto Tecnológico de la Moda de Nueva York (*Fashion Institute of Technology of New York*). Al hacerlo, Andrea se atrevió a explorar lo que suele ser un espacio no tradicional para las latinas, generalmente influenciadas por sus familias para ir tras títulos en negocios, finanzas, derecho o medicina debido a nuestra creencia cultural de que solo las carreras tradicionales pueden ofrecer una fuente estable de ingresos.

"¿Te sentiste inferior o diferente por ser una de las pocas latinas en toda la escuela cuando llegaste a los Estados Unidos?" Le pregunté.

Con un inglés impecable, Andrea me contó cómo otros niños sentían curiosidad por saber de dónde venía. Muchos no sabían que Puerto Rico era territorio estadounidense o que el español era su lengua materna.

"No me sentía inferior", me responde sonriente. "Siempre me sentí muy segura con respecto a mi identidad", y añadió: "Como sé lo que aporto, nunca dejo que los demás me empujen hacia abajo por mis raíces".

Andrea, segura y consciente de sí misma, confirmó lo que había sido mi primera impresión sobre ella: una mujer joven que ama quien es, se muestra como es y no tiene miedo de hablar ante circunstancias difíciles.

En los dos años que llevaba en su trabajo, había logrado grandes éxitos y no había cometido ningún error, hasta que durante las ajetreadas fiestas chinas y judías se le escapó un correo electrónico importante que iba dirigido a ella. Sus jefes se enteraron, y Andrea sin titubear les dijo la verdad, asumió la responsabilidad de su error, y ofreció soluciones alternativas.

Su sentido de urgencia y su capacidad para gestionar conflictos fueron bien recibidos y dieron lugar a una conversación sobre un posible ascenso.

Romper las cadenas significa asumir la plena responsabilidad por todo lo que te ocurre y aceptar los retos como una oportunidad para tu crecimiento.

Andrea encontró su verdadera voz y confía en sus buenas intenciones cuando la utiliza.

"Y mi madre tuvo mucho que ver en ello", añade Andrea, "aprendí de ella, observándola".

Me quedé sin habla. ¡A esto se refería mi abuela cuando me dijo que al romper mis propias cadenas liberaría a mi hija! De esto se trata. Cuando Aixa rompió sus cadenas, su hija pequeña siguió sus pasos e hizo lo mismo desde muy temprana edad.

De repente, recordé algo.

Hace unos años y durante el verano, mi hija participó en un campamento de fútbol junto con mi hijo y otros amigos. Un día cuando iba a recogerla, entró en el automóvil bastante agitada.

"Mamá, el entrenador cometió un gran error", me dijo.

"¿Qué pasó?" pregunté, tratando de adivinar qué podía haber ocurrido.

"Bueno", dijo Valentina, "íbamos a jugar las chicas contra los chicos y decidió dar ventaja a las chicas empezando el partido 3-0 a nuestro favor", continuó.

"¿Y entonces?" le pregunté, mientras ella parecía aún más agitada.

"Dejé de jugar. Dejé el campo, y le dije al entrenador que eso no estaba bien", me explicó. "¿Acaso los chicos y las chicas no son igual de capaces? ¿Por qué piensa que las niñas son de algún modo... inferiores?". Mi hija, quien en ese momento tenía once años, me miró con curiosidad. Su entrenador se había disculpado y les había hecho empezar de nuevo, esta vez empatados a cero.

Nuestras hijas observan en silencio todo lo que decimos y hacemos. A medida que nos damos permiso para desaprender nuestras narrativas ancestrales y reclamamos nuestra libertad, y a medida que hablamos desde la verdad de lo que somos, ellas se sienten seguras de su identidad, encuentran su voz y empiezan a poner límites desde temprana edad.

En eso consiste la sanación de las distintas generaciones.

En su oficina de Nueva York, y mientras trabaja para convertir la industria de la moda en una industria sostenible que respete el medio ambiente, Andrea trabaja con la dedicación y la impecabilidad que caracterizan a nuestra cultura, tal vez un hábito que adoptó en la escuela secundaria cuando se esforzaba por evitar que la "segregaran por ser hispana"; sin embargo, encuentra tiempo para equilibrar su trabajo y su vida dedicándose a intereses fuera de la oficina como el voluntariado en un rancho de alpacas en la parte norte del estado de Nueva York.

Cuidándose a sí misma y manteniendo el balance, Andrea "llena su tanque de combustible" y se presenta en el trabajo preparada para hacer frente a lo que sea.

Trabajando en nuevos productos, Andrea se encuentra a menudo entre las presiones de la fábrica y el ritmo lento de los diseñadores. Los conflictos no faltan, pero en lugar de ser la voz más fuerte de la sala, Andrea opta por un tono neutro y directo que le ha brindado el respeto de sus jefes y compañeros.

Se siente cómoda siendo quien es, y los demás aprecian y valoran esa autenticidad.

En esa soleada tarde de verano, Andrea hace una pausa, echa un vistazo alrededor de su oficina, me mira y dice con confianza: "Me he ganado estar aquí siendo yo misma, siendo auténtica. Aprendí que no hay razón para reprimir lo que soy porque hay libertad y poder en ser quien soy".

* * *

Nuestro pasado, nuestro presente y nuestro futuro están entrelazados.

Estamos aquí gracias a nuestras madres y abuelas pioneras que, quizá sin más remedio que dejar de lado sus propios sueños, nos abrieron el camino para que nosotras abracemos los nuestros.

Apoyadas e inspiradas por estas valientes mujeres, cuyo ADN llevamos, estamos desaprendiendo intencionadamente nuestras narrativas culturales limitantes, sanando nuestro pasado y rompiendo nuestras cadenas. Al hacerlo, estamos liberando siglos de generaciones pasadas que han esperado ansiosamente este momento histórico en el que las latinas abrazamos nuestro poder, la confianza en nosotras mismas y nuestras voces, y las utilizamos para hacer del mundo un lugar más inclusivo y equitativo.

Inspirado por nuestro propio despertar, el mundo está empezando a apreciar la plenitud de lo que somos.

Creo que lograr que un número mayor de latinas accedan a posiciones de poder e influencia, aportando una conciencia de enfoque en el bien mayor para todas, es inevitable y solo cuestión de tiempo.

¿De cuánto tiempo?

Del tiempo que cada una de nosotras necesite para ir hacia su interior y, desde allí, derribar los muros de carencia y de desmerecimiento y desaprender las imágenes de limitación y soledad.

Romper las cadenas es comprender que finalmente puedes soltar tus luchas y dirigirte a tu interior. Allí es donde reside tu luz.

A medida que vayas más dentro de ti para encender el fuego de lo que eres y exteriorices esa llama de luz con confianza, compasión y amor propio, será imposible que el mundo no te aprecie. Serás vista, escuchada y apreciada porque la luz que está destinada a resplandecer, no puede esconderse y silenciarse por mucho tiempo.

El trabajo es individual y el impacto es colectivo.

A medida que desaprendas, sanes y permitas que la hermosa alma que eres se muestre abiertamente al mundo, tu ejemplo podrá ayudar de manera radical a transformar e inspirar a millones de latinas que están buscando su verdad.

Estamos aquí para ser libres, y fuimos creadas para ser felices y sentirnos realizadas. Para todas nosotras, 30 millones de latinas en los Estados Unidos y 350 millones en América Latina y en todo el mundo, lo mejor está aún por llegar.

AGRADECIMIENTOS

———

En el año 2016, en medio de mi colapso emocional y físico, me encontraba desesperada por obtener respuestas y una dirección clara sobre qué pasos debía seguir. Sabía que tenía que tomar nuevas decisiones y darle un giro a mi vida.

Una noche alrededor de las tres de la madrugada me encontraba sentada en mi cama, destrozada, pidiéndole a Dios que por favor me mostrara el camino. A la mañana siguiente me desperté con un correo electrónico que decía en su asunto "Comparte tu historia", seguido de otro que ofrecía un entrenamiento para escribir un libro.

Cinco años más tarde, aquí estamos. No sólo contando mi historia, sino la de tantas latinas que abrieron nuevos espacios, trabajando primero en ellas mismas para luego manifestar una nueva realidad en sus vidas. Tengo la bendición de compartir esas historias y voces con el mundo.

* * *

Mi más profundo agradecimiento va para mi familia, que me sostuvo mientras presenciaba mi proceso de desaprendizaje.

Un agradecimiento especial a mi mamá Berta Schimpf de Aloé y a mi papá Juan Carlos Aloé por creer siempre en mí, por su ejemplo de fe y confianza y por tener la paciencia de esperar a que este libro se traduzca al español para poder leerlo.

Otro agradecimiento especial a mi esposo Gonzalo Martín, que siempre ha creído en mí y en mis sueños alocados, y a mis adorados hijos ahora adolescentes Valentina y Tommy. Los amo más de lo que las palabras pueden expresar. Me vieron en mi crisálida y pacientemente esperaron por el nacimiento de la mariposa.

Gracias a mis hermanos Ricardo y Julio que soportaron mi versión colonizada durante décadas.

A mis abuelas Berta Müller de Schimpf y Elena Ward por allanarme el camino. Y a mis tías, primas y otras mujeres (¡y hombres!) increíblemente fuertes de mi familia.

A mis pilares espirituales Melba Alhonte, Joan Witkowski, John Morton, John Roger, Judi Ternyik y Margarita Alaniz. Cada uno de ustedes marcó una diferencia en mi camino, mientras hago mi trabajo en la Tierra al tiempo que mantengo mis ojos en el cielo.

Gracias Eric Koester, fundador del *Creator Institute*, por enseñarme a ser una mejor escritora en mi segunda lengua. Gracias al equipo editorial de *New Degree Press*, en particular a Rebecca Bruckenstein, que me animó a seguir adelante cuando esta maratón literaria se puso intensa, a Melody Delgado Lorbeer, que me proporcionó los comentarios iniciales de latina a latina, y a John Saunders por su increíble guía y consejos.

Muchas gracias a mi traductor de este libro del inglés al español, Orlando Domingo Barrios Delgado, y a su co-traductora y correctora Beatriz María Manrique Urdaneta. ¡Ha sido un trabajo titánico pero lo logramos!

¡Mi agradecimiento especial a Marcela Huergo y Estela Nisola, mis dos lectoras del manuscrito en inglés completo!

Estoy muy agradecida a todas las mujeres y hombres, hispanos y no hispanos, que contribuyeron con su tiempo y sus ideas para que este libro se hiciera una realidad.

¡Y súper agradecida a cada uno de mis primeros colaboradores por hacer realidad este sueño. La confianza que ustedes depositaron en mi trabajo me dio las fuerzas para seguir adelante!

A ustedes:

Adriana Aristizábal
Adrienne García
Aixa López
Alejandra Girón
Alejandra Zacci
Allyson Hernandez
Alysse Zawisky

Amira Paluskiewicz
Amy Calhoun Robb
Ana Román
Andrea Geroldi
Angela Harrington
Angélica Rodriguez
Ann Caruso

Anna García
Anu Codaty
Betsy Vavrin
Blanca Rosales-Ahn
Bonnie Negrón
Brian Colinet
Brooke Bass
Carlos Medina
Carlos Pelegrina
Carmen Maria Navarro
Carole Bhalla
Carolina Builes
Carolina Caballero
Carolina Veira
Catalina Torres
Cathy Maloney
Celina Green
Charito Salvador
Christina Bunzendahl
Christine O'Day
Claire Morrow
Claudia Orci
Claudia Vazquez
Colin Butterfield
Corinne Thomas
Cristell Tamayo
Cristina Cosme
Cynthia Trejo
Cynthia Sepulveda
David S. Clegg
Deborah Collins
Diana Caballero

Diana Calle
Diana Galer
Digna Gómez
Douglas Scherer
Ed Vargas
Elaine Perez Bell
Eliana Bedoya
Elisa Charters
Emily O'Brien
Eric Koester
Estela Nisola
Eugene Kim
Federico Troiani
Francisco Tobías Marín
Freddy Rolon
Gail Taylor
Gonzalo Martín
Gustavo Lira
Herman Sanchez
Hugo Sanchez
Iveth Mosquera
Jairo Borja
Janette Cortes
Janis García Keating
Jannett Campos
Jared Marks
Jeanne Karle
Jeffrey A. Marquez
Jeffrey Martinez
Jennifer Padlo
Jinesha Siriwardana
Jon Rotolo

Joshua Bennett
Juanita Yepes
Karem Ospino
Karen Miglionico
Karina Marie García
Karina Saravia-Butler
Kate Taylor
Kathleen Feliciano
Kenny Mitchell
Kristin Oday
Krys Molina
Laura Díaz-Alberto
Laura Hoyos
Laura Mejía
Laurie Labesque
Leticia Bido
Lilia Ríos
Lisa Mateo
Lisette Vilanova
Liz Rich
Loreley Burgos
Luis Febus
Luis Renaldo Rosado
Luvia Susana Salazar
Luz Carreño
Maia Lev
Maite Centeno
Marc Alhonte
Marcela Gómez
Marcela Huergo
Margarita Floris
María Casaverde Marín

María Diaz
María Dietrich
María Laura De Almeida
María Piastre
María Reyero
María Santiago Valentín
Marieangelic Martínez
Mariela Reinhard
Maribel Fermín
Marilú Tapia
Marilyn Feliz
Marlene Cadillo
Mary Lev
Mayra Fuentes
McCall Butler
Melba Alhonte
Melissa Baralt
Mercedes Olivares
Meredith Holland
Meredith Van de Water
Michelle Pacheco Turner
Mildred Morel-Hsu
Millie Guzmán
Moisés Luque
Mollie Beaumont
Mónica Adwani
Mónica Armel
Mónica Martinez Milán
Myriam E. Cruz
Nanci Contreras
Natalia Osorio Quintero
Natalia Valerdi-Rogers

Natalie Alhonte Braga
Nathan Seyer
Nilda Palou
Pablo Gregorio Valeriano
Pamela Mendoza
Patricia Cattaruzzi
Patricia Delgado
Patrick Walsh
Patty Caballero
Peggy Anastos
Raquel Kripzak
Reina Valenzuela
Rosa Santana
Rosie P.
Roxana Corla
Ruby García
Samantha Cartagena
Sara Peña
Sarah Murchison

Sebenza Nkomo
Shysel Granados
Silvia Jiménez
Sol Alberione
Stella Rizzuto
Tammy Teresa Belmore
Tania Quevedo
Tatiana Orozco
Valeria Alejandra Arana
Blanco
Vanessa Dager
Vanessa Dulman
Vanessa Graves
Verónica Bradley
Verónica Lawrence
William Chilin
Yanina Paz
Yolanda García

Estoy muy agradecida de poder traer este trabajo a sus manos, hermanas latinas y aliadas, esperando que a medida que lo lean reciban la bendición de la sanación y renovación de sus mentalidades, para que puedan encontrar la verdadera felicidad y plenitud en sus vidas. Lo merecen.

Gracias, Dios, por ser mi fiel compañero de camino.

APÉNDICE

INTRODUCCIÓN

Cimini, Kate. "'Puro cash: Latinos are opening more small businesses than anyone else in the U.S." *USA Today*. 24 de febrero de 2020 rev. 23 de mayo de 2020.
https://www.usatoday.com/in-depth/news/
nation/2020/02/24/latino-small-business-owners-becoming-economic-force-us/4748786002/

"Hispanic Sentiment Study." *We Are All Human*. 24 de octubre de 2018.
https://www.weareallhuman.org/hispanic-sentiment-study/

Jones, Nicholas, Rachel Marks, Roberto Ramirez, y Merarys Ríos-Vargas. "2020 Census Illuminates Racial and Ethnic Composition of the Country." *Census Bureau*. 12 de Agosto de 2021.
https://www.census.gov/library/stories/2021/08/
improved-race-ethnicity-measures-reveal-united-states-population-much-more-multiracial.html

Noe-Bustamante, Luis. "Education levels of recent Latino immigrants in the U.S. reached new highs as of 2018." *Pew Research Center.* 7 de abril de 2020. https://www.pewresearch.org/fact-tank/2020/04/07/education-levels-of-recent-latino-immigrants-in-the-u-s-reached-new-highs-as-of-2018/

Salas, Sean. "The $2.6 Trillion U.S. Latino Market: The Largest And Fastest Growing Blindspot Of The American Economy." *Forbes.* 27 de septiembre de 2020. https://www.forbes.com/sites/seansalas/2020/09/27/the-26-trillion-us-latino-market-the-largest-and-fastest-growing-blindspot-of-the-american-economy/?sh=29e5857a9e62

Vespa, Jonathan, Lauren Medina, y David M. Armstrong. "Demographic Turning Points for the United States: Population Projections for 2020 to 2060." *Census Bureau.* Marzo de 2018 rev. febrero 2020. https://www.census.gov/content/dam/Census/library/publications/2020/demo/p25-1144.pdf

CAPÍTULO 1

Bernstein, Robert. "Hispanic Owned Businesses on the Upswing – Survey of Business Owners." *Census Bureau.* 1 de diciembre de 2016. https://www.census.gov/newsroom/blogs/random-samplings/2016/12/hispanic-owned_busin.html

Chetty, Raj, Nathaniel Hendren, Maggie R. Jones, y Sonya R. Porter. "Race and Economic Opportunity in the United States: An Intergenerational Perspective." *Equality of Opportunity*. Marzo de 2018. http://www.equality-of-opportunity. org/assets/documents/race_paper.pdf

Hinchliffe, Emma. "The Female CEOs on this year's Fortune 500 just broke three all time records." *Fortune*. 2 de junio de 2021. https://fortune.com/2021/06/02/female-ceos-fortune-500-2021-women-ceo-list-roz-brewer-walgreens-karen-lynch-cvs-thasunda-brown-duckett-tiaa/

"Hispanic Population by State 2021." *World Population Review*. Consultado el 21 de agosto de 2021. https://worldpopulationreview.com/state-rankings/hispanic-population-by-state

Jones, Nicholas, Rachel Marks, Roberto Ramirez, y Merarys Ríos-Vargas. "2020 Census Illuminates Racial and Ethnic Composition of the Country." *Census Bureau*. 12 de agosto de 2021. https://www.census.gov/library/stories/2021/08/improved-race-ethnicity-measures-reveal-united-states-population-much-more-multiracial.html

Kantorski, Kathy. "US Latino GDP Report: Latinos to the Rescue." *Hispanic Executive*. 11 de diciembre de 2019. https://hispanicexecutive.com/ldc-latino-gdp-report-lattitude-2019/

"Latinas make up for only 3.3% of California Corporate Boards."
    Diversity Inc. 23 de junio de 2020.
    https://www.diversityinc.com/research-roundup-latinas-
    only-make-up-3-3-of-california-corporate-boards/

"Number of inhabitants in Latin America and the Caribbean
    in 2020, by country." *Statista.* Consultado el 21 de agosto
    de 2021.
    https://www.statista.com/statistics/988453/number-inhabi-
    tants-latin-america-caribbean-country/

Orozco, Marlene e Inara Sunan Tareque. "State of Latino Entre-
    preneurship – 2020 Research Report." *Stanford Graduate
    School of Business, Latino Entrepreneurship Initiative.* Con-
    sultado el 22 de agosto de 2021, 4,
    https://www.gsb.stanford.edu/sites/default/files/publica-
    tion-pdf/report-2020-state-of-latino-entrepreneurship.pdf

Salas, Sean. "The $2.6 Trillion U.S. Latino Market: The Largest
    And Fastest Growing Blindspot Of The American Economy."
    Forbes. 27 de septiembre de 2020.
    https://www.forbes.com/sites/seansalas/2020/09/27/the-26-
    trillion-us-latino-market-the-largest-and-fastest-growing-
    blindspot-of-the-american-economy/?sh=6bb320499e62

"The 2019 State of Women-Owned Business Report." *American
    Express.* Consultado el 22 de agosto de 2021, 6, 7

Tomaskovic-Devey, Donald y Eric Hoyt. "Race, States, and the Mixed Fate of White Men." *University of Massachusetts Amherst, Center for Employment Equity*. Consultado el 22 de agosto de 2021.
https://www.umass.edu/employmentequity/race-states-and-mixed-fate-white-men#overlay-context=diversity-reports

Vespa, Jonathan, Lauren Medina y David M. Armstrong. "Demographic Turning Points for the United States: Population Projections for 2020 to 2060." *Census Bureau*. Marzo de 2018 rev. febrero de 2020.
https://www.census.gov/content/dam/Census/library/publications/2020/demo/p25-1144.pdf

"Welcome." *United Stated Hispanic Chamber of Commerce*. Consultado el 22 de agosto de 2021.
https://www.ushcc.com/?gclid=CjwKCAjwyIKJBhBPEiwA-u7zll2BHrKF_wkjFuhmXDuxtFN4wBZdNV6Iu8dHDR1Ti_075KQLxBnItkRoCuSoQAvD_BwE

"Women in the Workplace 2020." *Mc. Kinsey & Co*. 30 de septiembre de 2020.
https://www.mckinsey.com/featured-insights/diversity-and-inclusion/women-in-the-workplace

CAPÍTULO 2

"63rd anniversary of women's suffrage in Mexico." *Gobierno de Mexico*. Consultado el 23 de agosto de 2021.
https://www.gob.mx/sre/articulos/63rd-anniversary-of-women-s-suffrage-in-mexico

"California Indians, Before, During, and After the Mission Era." *California Missions Foundation*. Consultado el 23 de agosto de 2021. https://californiamissionsfoundation.org/california-indians/

Furtado, Celso. "Celso Furtado: Pioneer of Structuralist Development Theory." *Research Gate*. Diciembre de 2005. https://www.researchgate.net/publication/317102764_Celso_Furtado_Pioneer_of_Structuralist_Development_Theory

Galeano, Eduardo, "Open Veins of Latin America. Five Centuries of The Pillage of a Continent." New York, Monthly Review Press, 1997

Mambrol, Nasrullah. "Homi Bhabha's Concept of Hybridity." *Literary Theory and Criticism*. 8 de abril de 2016. https://literariness.org/2016/04/08/homi-bhabhas-concept-of-hybridity/

Schutte, Ofelia. "Resistance to Colonialism: Latin American Legacies." *University of South Florida*. Consultado el 23 de agosto de 2021. http://icspt.uchicago.edu/papers/2004/schutte04.pdf

"The Women's Rights Movement, 1848-1917." *History, Art & Archives, United States House of Representatives*. Consultado el 23 de agosto de 2021. https://history.house.gov/Exhibitions-and-Publications/WIC/Historical-Essays/No-Lady/Womens-Rights/

"Who are Quakers?" *Quaker.org*. Consultado el 23 de agosto de 2021.
https://quaker.org/who-are-quakers/

CAPÍTULO 3

Ferrera, Maria. "The Burden of Colonial Debt and Indebtedness in Second Generation Filipino American Families." *Western Michigan University*. Septiembre de 2016.
https://scholarworks.wmich.edu/cgi/viewcontent.cgi?article-=3533&context=jssw

Galeano, Eduardo. "Open Veins of Latin America. Five Centuries of The Pillage of a Continent." New York, Monthly Review Press, 1997

Stone Williams, Paula. "I've lived as a man and as a woman – here is what I've learned." *Ted Talks*.
https://www.ted.com/talks/paula_stone_williams_i_ve_lived_as_a_man_and_as_a_woman_here_s_what_i_ve_learned/transcript?language=en

Weaver, Gary. "Intercultural Relations." Boston, Pearson Learning Solutions, 2014

CAPÍTULO 4

"Dream Act of 2017 Bill Summary." *National Immigration forum*. 21 de julio de 2017.
https://immigrationforum.org/article/dream-act-2017-bill-summary/?gclid=CjoKCQjwvr6EB-hDOARIsAPpqUPFElrfJg28r-oavQn4YFl4XXRaud9RP-sOZotonSTyHpkyvPuDNyJwUaAiYnEALw_wcB

Motlagh, Jason. "With no better options amid Trump's border crackdown, migrants are taking their chances with Arizona's perilous Sonoran Desert." *Rolling Stone*. 30 de septiembre de 2019.
https://www.rollingstone.com/politics/politics-features/border-crisis-arizona-sonoran-desert-882613/

Perreira, Krista e India Ornelas. "Painful Passages: Traumatic Experiences and Post-Traumatic Stress among Immigrant Latino Adolescents and their Primary Caregivers." *PMC*. 1 de diciembre de 2014.
https://www.ncbi.nlm.nih.gov/pmc/articles/PMC3875301/

Warren, Robert. "US Undocumented Population Continued to Fall from 2016 to 2017, and Visa Overstays Significantly Exceeded Illegal Crossings for the Seventh Consecutive Year." *Center for Migration Studies*. Consultado el 25 de agosto de 2021.
https://cmsny.org/publications/essay-2017-undocumented-and-overstays/?gclid=CjoKCQjwvr6EBhDOARIsAP-pqUPFRlafUYiMxJB66OBOW-yKoFkDjrW5Gu1gDJHLn-lqom8ErCWT4ZyxYaAobbEALw_wcB

CAPÍTULO 5

Cleveland Clinic. "Overcoming Mental Health Stigma in the Latino Community." Consultado el 28 de agosto de 2021. https://consultqd.clevelandclinic.org/overcoming-mental-health-stigma-in-the-latino-community/

Harvard University, Center on the Developing Child. "Epigenetics and Child Development: How Children's Experiences Affect their Genes." Consultado el 28 de agosto de 2021. https://developingchild.harvard.edu/resources/what-is-epigenetics-and-how-does-it-relate-to-child-development/

Menakam, Resmaa. *My Grandmother's Hands: Racialized Trauma and the Pathway to Mending Our Hearts and Bodies.* Las Vegas: Central Recovery Press, 2017, 137, 35.

CAPÍTULO 6

Coonley, Courtney. "Latinas earn $0.55 for every dollar paid to White men, a pay gap that has barely moved in 30 years." CNBC, 29 de octubre de 2020. https://www.cnbc.com/2020/10/29/latinas-face-an-ongoing-pay-gap-that-has-barely-moved-in-30-years.html

Leguizamo, John. "Latin History for Morons." 2018. Video. https://www.netflix.com/title/80225421

Taylor, Paul, Mark Hugo Lopez, Jessica Martinez, y Gabriel Velasco. "When labels don't fit: Hispanics and their views of identity." *Pew Research Center.* 4 de abril de 2012. https://www.pewresearch.org/hispanic/2012/04/04/iii-the-american-experience/

U.S. Census Bureau. "Table 1 - Statistics for Nonemployer Firms by Industry, Sex, Ethnicity, Race, and Veteran Status for the U.S., States, and Metro Areas: 2017." Consultado el 29 de agosto de 2021. https://www.census.gov/programs-surveys/abs/data/nesd.html

CAPÍTULO 7

Krogstad, Jens Manuel, Renee Stepler, y Mark Hugo Lopez. "English Proficiency on the Rise Among Latinos." *Pew Research Center*. 12 de mayo de 2015. https://www.pewresearch.org/hispanic/2015/05/12/english-proficiency-on-the-rise-among-latinos/

CAPÍTULO 8

Macfie, Jenny, Nancy L. McElwain, Renate M. Houts, y Martha J Cox. "Intergenerational transmission of role reversal between parent and child: dyadic and family systems internal working models." *National Library of Medicine*. Marzo de 2005. https://pubmed.ncbi.nlm.nih.gov/15984085/

Voto Latino (página web). Consultado el 2 de septiembre de 2021. https://votolatino.org/

CAPÍTULO 9

Dispenza, Joe. "Breaking the Habit of Being Yourself." Carlsbad, California: Hay House, 2012.

Hewlett, Sylvia Ann, Noni Allwood, y Laura Sherbin. "U.S. Latinos Feel They Can't Be Themselves at Work". *Harvard Business Review*. 11 de octubre de 2016. https://hbr.org/2016/10/u-s-latinos-feel-they-cant-be-them-selves-at-work

Holvino, Evangelina. "Cultural scripts in Latinas' careers." *CGO Insights*. Center for Gender in Organizations, Simmons School of Management, Boston, MA. 2010.

CAPÍTULO 10

Holvino, Evangelina. "Cultural scripts in Latinas' careers." *CGO Insights*. Center for Gender in Organizations, Simmons School of Management, Boston, MA. 2010.

Huffington, Arianna. "10 Years Ago I Collapsed From Burnout and Exhaustion, And It's The Best Thing That Could Have Happened To Me." *Thrive Global*. 6 de abril de 2017. https://medium.com/thrive-global/10-years-ago-i-collapsed-from-burnout-and-exhaustion-and-its-the-best-thing-that-could-have-b1409f16585d

Krentz, Matt, Emily Kos, Anna Green, y Jennifer Garcia-Alonso. "Easing the COVID-19 Burden on Working Parents." *Boston Consulting Group*. 21 de mayo de 2020. https://www.bcg.com/publications/2020/helping-working-parents-ease-the-burden-of-covid-19

Raeburn, Paul. "Arianna Huffington: Collapse from exhaustion was 'wake-up call." *Today.* 9 de mayo de 2014. https://www.today.com/health/arianna-huffington-col-lapse-exhaustion-was-wake-call-2D79644042

CAPÍTULO 11

Hekman, David, Stefanie K. Johnson, Maw-Der-Foo, y Wei Yang. "Does Diversity-Valuing Behavior Result in Dimin-ished Performance Ratings for Non-White and Female Lead-ers?" *Academy of Management Journal.* Marzo de 2016. https://journals.aom.org/doi/abs/10.5465/amj.2014.0538?etoc=&

"Untapped potential: The Hispanic talent advantage." IBM Institute for Business Value. Diciembre de 2020. https://www.ibm.com/downloads/cas/97YoEXNB

CAPÍTULO 12

Cruz, Jill L. y Melinda S. Molina. "Few far and between: the reality of Latina lawyers." *Hispanic National Bar Association.* Septiembre de 2009, 12, 15. http://hnba.com/wp-content/uploads/2015/06/few-far-between.pdf

Lean in, "50 ways to fight bias." Consultado el 10 de septiembre de 2021. https://leanin.org/gender-bias-cards/grid/overview

Network of Executive Women. "Latinas in Corporate America. A foot in two words: elevating the Latina experience." Mayo de 2020.
https://www.newonline.org/latina

Oxford Advanced Learner's Dictionary Online. Oxford University Press. Consultado el 11 de octubre de 2021.
https://www.oxfordlearnersdictionaries.com/us/definition/english/bias_1

"The Hispanic Perception Study." *We Are All Human.* 2020.
https://www.weareallhuman.org/wp-content/uploads/2020/12/H-Code_WAAH_The-Hispanic-Perception-Study.pdf

Vespa, Jonathan, Lauren Medina, y David M. Armstrong. "Demographic Turning Points for the United States: Population Projections for 2020 to 2060." *Census Bureau.* Publicado en marzo de 2018, rev febrero de 2020.
https://www.census.gov/content/dam/Census/library/publications/2020/demo/p25-1144.pdf

CAPÍTULO 13

Ajilon. "Women in Supply Chain: closing the gender gap." Consultado el 10 de septiembre de 2021.
https://blog.ajilon.com/talent-management/gender-gap-in-supply-chain/

Hewlett, Sylvia Ann, Noni Allwood, y Laura Sherbin. "U.S. Latinos Feel They Can't Be Themselves at Work." *Harvard Business Review*. 11 de octubre de 2016. https://hbr.org/2016/10/u-s-latinos-feel-they-cant-be-themselves-at-work

Iyer, Javasree K. "From the boardroom to the consulting room: pharma's role in curing gender bias." *World Economic Forum*. 6 de marzo de 2020. https://www.weforum.org/agenda/2020/03/pharma-health-care-curing-gender-bias/

Lean in, "50 ways to fight bias." Consultado el 10 de septiembre de 2021. https://leanin.org/gender-bias-cards/grid/overview

Network of Executive Women. "Latinas in Corporate America. A foot in two words: elevating the Latina experience." Mayo de 2020. https://www.newonline.org/latina

CAPÍTULO 14

Castro, Giselle. "Why Understanding Colorism Within the Latino Community Is So important." *IMDiversity*. 2018. https://imdiversity.com/villages/hispanic/why-understanding-colorism-within-the-latino-community-is-so-important/

Flores, Antonio. "How the U.S. Hispanic population is changing." *Pew Research Center*. 18 de septiembre de 2017. https://www.pewresearch.org/fact-tank/2017/09/18/how-the-u-s-hispanic-population-is-changing/

Garcia, Maria. "Anything for Selena." Podcast. *WBUR Futuro*.
Consultado el 17 de septiembre de 2021.
https://www.wbur.org/podcasts/anythingforselena

"Hispanic Perception Study." *We Are All Human*. 2020.
https://www.weareallhuman.org/wp-content/
uploads/2020/12/H-Code_WAAH_The-Hispanic-Percep-
tion-Study.pdf

"Hispanic Sentiment Study." *We Are All Human*. 24 de octubre
de 2018.
https://www.weareallhuman.org/hispanic-sentiment-study/

Lopez, Gustavo y Anna Gonzalez-Barrera. "Afro-Latino: A
deeply rooted identity among U.S. Hispanics." *Pew Research
Center*. 1 de marzo de 2016.
https://www.pewresearch.org/fact-tank/2016/03/01/afro-
latino-a-deeply-rooted-identity-among-u-s-hispanics/

CAPÍTULO 16

Gándara, Patricia. "Fulfilling America's Future: Latinas in the
U.S." *Created by UCLA in partnership The White House Ini-
tiative on Educational Excellence for Hispanics*. 1 de noviembre de 2015.
https://civilrightsproject.ucla.edu/research/college-access/
underrepresented-students/fulfilling-america2019s-future-
latinas-in-the-u.s.-2015

Gramlich, John. "Hispanic dropout rate hits new low, college enrollment at new high." *Pew Research Center*. 29 de septiembre de 2017. https://www.pewresearch.org/fact-tank/2017/09/29/hispanic-dropout-rate-hits-new-low-college-enrollment-at-new-high/

Krogstad, Jens Manuel. "5 facts about Latinos and education." *Pew Research Center*. 28 de julio de 2016. https://www.pewresearch.org/fact-tank/2016/07/28/5-facts-about-latinos-and-education/

CAPÍTULO 17

The Alumni Society. "When Culture Creates a Glass Ceiling." Consultado el 21 de septiembre de 2021. https://thealumnisociety.com/daniamatos/

"The Hispanic Perception Study." *We Are All Human*. 2020. https://www.weareallhuman.org/wp-content/uploads/2020/12/H-Code_WAAH_The-Hispanic-Perception-Study.pdf

CAPÍTULO 18

Patten, Eileen. The Nation's Latino Population Is Defined by Its Youth." *Pew Research Center*. https://www.pewresearch.org/hispanic/2016/04/20/the-nations-latino-population-is-defined-by-its-youth/. 20 de abril de 2016.

CAPÍTULO 19

Lean In. "Men, commit to mentor women." Consultado el 26 de septiembre de 2021.
https://leanin.org/mentor-her#!

"Women in Engineering by the Numbers (Nov. 2019)." *SWE Research Update*. Consultado el 26 de septiembre de 2021.
https://alltogether.swe.org/2019/11/swe-research-update-women-in-engineering-by-the-numbers-nov-2019/

Made in the USA
Middletown, DE
27 June 2023

33971641R00188